伟 大 的 思 想
GREAT IDEAS

08

论世界的悲苦
ON THE SUFFERING OF THE WORLD

〔德〕叔本华　著
陈永国　译

商務印書館
The Commercial Press

ON THE SUFFERING OF THE WORLD
by Arthur Schopenhauer
Selection copyright © Penguin Books Ltd
Cover artwork © David Pearson
Simplified Chinese edition copyright © 2023 by The Commercial
Press in association with Penguin Random House North Asia.
All rights reserved.

"企鹅"及相关标识是企鹅兰登已经注册或尚未注册的商标。未经允许,不得擅用。
封底凡无企鹅防伪标识者均属未经授权之非法版本。

涵芬楼文化 出品

译者序

阿图尔·叔本华（Arthur Schopenhauer，1788年2月22日—1860年9月21日），德国哲学家，唯意志论的创始人和主要代表人物之一，《作为意志和表象的世界》为其代表作，提出以意志作为世界的本质、以虚无主义和悲观主义作为人生归宿的学说，其哲学思想也因此被称为悲观主义哲学。后世哲学家和思想家对其推崇备至者甚多。据说尼采在买到《作为意志和表象的世界》一书之后，便立刻被这位天才的"强力和魔力"所降服，用十四天的时间一口气读完了这本书，而且是热心地倾听叔本华所说的每一个字词。叔本华的意志论和悲观主义深深影响了尼采哲学、马赫主义、实用主义、生命哲学、存在主义以及精神分析学。著名语言学家维特根斯坦早年就读过叔本华,深受其生活之悲苦思想的影响,并以自己的生活实践之。奇怪的是,这两位哲学家都出身于富可敌国的贵族之家(叔本华的父亲是大银行家,维特根斯坦的父亲是钢铁企业家),但"人生是苦"的理念却伴随着他们孤独而富有意义的一生,所不同的是,前者在无忧无虑的生活中探讨世界之悲苦,后者在抛弃了万贯遗产之后走上了为生活所苦的语言探索之路。

除了悲观主义哲学,叔本华还钻研医学、数学、物理学、植物学、天文学、气象学、法学、生理学、历史和音乐等不同学科,而且在每一领域内都能提出独到见解。他认为世间万物都不是孤立地存在的,必须关联起来才能正确地认识,并依此来理解世界和生活。世界是悲苦的,生活是悲苦的,之所以是悲苦的,是因为人生活在这个悲苦的世界上,靠的是意志和欲望,而意志和欲望又是无底的渊薮,即使时而得到满足,也只能是暂时的、临时的,新的意志和更大的欲望会随之产生,进而导致新的和更大的痛苦。一方面,欲望作为意志的外在体现,无时无刻不受到表象世界的限制,因此是不自由的。

意志的不自由是痛苦的根源。另一方面，欲望是无止境的，欲望决定着整个人生，欲望的满足或不满足都会导致痛苦。所以，人生整体上是痛苦的。

意志分肯定和否定两种。肯定意志源自暂时的、些许的欲望的满足，使人感到瞬间的幸福，并因此而界定人生的意义。否定意志源自对世界的清醒认识，认识到意志并不能主观地决定欲望的实现，而是受到客观条件的限制，因此会主动退出主导地位，压制欲望，禁止欲望，最终厌恶意志和欲望。这样的人是禁欲者，甚或是有德者，不只维持肉身的微弱生存，而且延续高尚的精神生命。如此说来，意志就是痛苦的根源。人由于意志而本能地产生欲望，首先是生存的欲望、生殖的欲望，进而是超乎生存的极度空虚的欲望。我们在生命的进程中不断地产生欲望，不断地满足欲望，因此处于一个循环往复的痛苦过程之中，得不到片刻的安宁。在这个意义上，意志与表象乃是同一的；但由于意志决定着我们对生活的需求、渴望、贪欲，甚至对贪欲的抑制，所以意志是世界的本质。又由于意志作为本质是不能改变的，所以，要改变的只是生活的形式，这有两条途径：一个是通过宗教和艺术获得暂时的解脱，另一个是通过自杀获得永久的解脱。叔本华不提倡自杀，所以，人只能通过宗教获得灵魂的满足，通过艺术获得精神的升华。

在叔本华看来，意志就是物自体。物自体不灭，意志不灭。然而，我们生活在时间中。时间转瞬即逝；时间中存在的一切也转瞬即逝。过去的不再存在，未来也将与过去一样变成"已是"，这等于说，过去和未来没有区别，开端和结局也没有区别。人生从一开始就走下坡路："充满快乐梦想的童年，兴高采烈的青春，辛苦劳作的成年岁月，病体缠身的悲惨老年，最后是疾病的折磨和死亡的剧痛。"在时间中，我们因一天一天地过去而贫穷，我们因一个一个瞬间的闪逝而苦恼，我们又因肉体欲望的迷狂和身临其境的感官享受而渴望永生，然而，在经历了一次一次的错误之后，我们越来越清晰地认识到：我们生活的每一时刻只有瞬间属于现在；只有瞬间的当下才是真实的，因此，最伟大的智慧就是享受当下。

这个"当下"由主体和客体构成。客体直观地体现为时间的闪逝；主体主观地意识到时间的永恒。我们凭着对过去的记忆和对未来的憧憬而立于时间的核心，因此才坚定了永生的信念。这个信念源自强大的记忆力、奔放的想象力和对整个时间中所有当下时刻之本体的清醒意识。这个当下就是我们生活于其中的现实，是我们能够触摸到的唯一形体，也是我们从生命之梦中醒来时依然坚守的那不被摧毁的、原属于我们自己的状态的意识。这就是我们的原始状态，是存在的内在状态，也是与现象界正相反的物自体的状态，其运动原则在于产生和维持现已到达终点的生命。如叔本华所说，死亡是可以克服的，只要我们把生命看作是"从死亡的借贷，而睡眠则是为此借贷付出的利息"。死亡固然是个体的终结，但这并非永久的终结，而是孕育着新生命之胚芽的解体，就仿佛永恒的悲苦与瞬间的幸福，生命在延续，而幸福只能在死亡的瞬间显现。

叔本华是大智者。其大智在于他着眼于人的本体、生命的本体和世界的本体；在于他既看到意志否定（消极）的一面，又看到其肯定（积极）的一面，因此，他的悲观主义并不是绝对的、纯粹的虚无主义，而只是通过对生活本身的剖析而采取的积极的生活态度；在于他不用概念的创造和术语的堆积来阐述所谓深邃的理论，而是透过生活的镜片透视人生内在的肌理，呈现给读者的则是亲切可感、清晰易懂、鞭辟入里的生存之道和宇宙原则。在当下这个"始终在读，却永不（真正）被读"的学术圈里，能像叔本华这样视人生之基本思想为真理和生命的思想家即便有也是寥若晨星，因为我们只知道捡拾他人"餐桌上的面包屑"和"陌生客人丢下的旧衣服"，以阅读代替独立思考，任意让外人指导我们的思想，而即便对这"指导"也只是鹦鹉学舌、一知半解。然而，诚如肯定意志与否定意志之辩证关系一样，越是在思想枯竭的时候，就越需要阅读，而阅读叔本华，就是我们向真正的独立思考迈出的第一步。

是为序。

陈永国

↣ 目 录

散　文

论世界的悲苦　　　　　　　　　　　3

论生存的虚无　　　　　　　　　　17

论物自体与其表象的对立　　　　　25

论生存意志的肯定与否定　　　　　33

论死亡对生存本质的不可摧毁性　　41

论自杀　　　　　　　　　　　　　57

论女人　　　　　　　　　　　　　61

论独立思考　　　　　　　　　　　75

格　言

论哲学和知性　　　　　　　　　　87

论美学　　　　　　　　　　　　　111

论书与写作　　　　　　　　　　　127

散文

➤ 论世界的悲苦

1

如果我们生活的当下和直接目的不是悲苦,那么,我们的存在就是最不适合于世界的目的的:世界上到处充满着无休止的痛苦,它产生于生命之本质需求和苦难,倘若把这种悲苦看作是无目的性的和偶然的,那就是非常荒谬的。诚然,每一个个别的不幸似乎都是例外的发生;但普遍的不幸却是规律。

2

正如一条溪流只要不遇到障碍就会顺畅地流动,

人和动物的本性亦是如此。我们从未真正发现或意识到与我们的意志相宜的东西；如果我们注意到某事，我们的意志就必定受到阻挠，必定经历某种震惊。另一方面，与我们的意志相对立的、挫败和抵制我们意志的一切，也就是说，一切不愉快的和痛苦的东西，都于瞬间直接而极为清晰地给我们留下印象。正如我们并未意识到我们整个身体的健康，而只是鞋夹脚的那一小小的局部，于是就不思考各种成功活动的总体，而只想着一件又一件令我们不快的微不足道的琐事。基于这个事实建立起来的就是我以前经常注意到的：健康和幸福的消极性，相对于痛苦的积极性。

我因此不知道是否还有比这更荒唐的事了，这种荒唐标志着几乎一切形而上学体系的特征，即把恶解释为某种消极的东西。而恶恰恰是积极的，使自身可见可触的东西；另一方面，善，及一切幸福、一切满足，都是消极的东西，仅仅是对欲望和痛苦的消除。

这也与事实相符。我们发现快感通常绝非像期待的那么快乐，而痛苦也比我们预料的要大。

对这一断言的直接检验是，在这个世界上，欢乐胜过痛苦，或者，欢乐和痛苦无论如何都是平衡的，不妨把正在吃另一只动物的动物的感觉与那只被吃动物的感觉加以比较。

3

对每一种不幸和每一种痛苦的最有效的慰藉是观察比我们更不幸的人：每一个人都能做到这一点。但是，这对人类整体状况又能说明什么呢？

历史向我们展示了各民族的生活，发现要讲的除了战争和动乱之外没有别的；和平岁月不过是偶尔的短暂停息和间歇。个人生活也同样，是一场永久的斗争，不完全是与需求或烦恼的形而上的斗争，而是与他人的实际斗争。人发现到处都是敌人；人活在连续的冲突之中，最终手持利剑死去。

4

令我们的生存饱受折磨的还不只是**时间**的经久压力，时间从未让我们喘口气，而是像工头一样拿着鞭子赶我们。直到它也被交付给厌倦之时迫害才会停止。

5

然而，正如移开大气压力之时我们的身体就会崩裂，人的傲慢也会膨胀，即便达不到崩裂的程度，但如果生活中没有需求、苦工、灾难和挫折的话，也能达到最肆无忌惮的愚蠢，甚至达到疯狂的地步。甚至可以说，我们无时不需要一定量的忧虑或悲伤或需求，正如船需要压舱以保持直行一样。

工作、焦虑、苦工和烦恼确实是几乎所有人终生的命运。然而，如果每一种欲望一旦唤起便能满足的话，那么，人该如何过活、该如何打发时间呢？假如把这个种族转运到一个乌托邦去，那里一切都自行生长，火鸡飞来飞去随时等着被烧烤，恋人随时随地毫不耽搁地想见就见：在这样一个地方，有些人会死于厌倦或去自缢，有些人会打斗，相互残杀，因此给自己造成的痛苦比自然让他们遭受的还要多。对这样一个种族来说，没有比现有的舞台和生存形式更适合的了。

6

如上所说，由于快乐和幸福是消极的，悲苦是积极的,所以,一种特定生活的幸福是不能根据它所包含的欢乐和快乐来衡量的,而要根据积极因素的缺乏和悲苦因素的缺失来衡量。如是,动物的命运就似乎比人的命运更可以忍受。姑且详细谈谈这两种命运。

无论人类幸福和痛苦的形式多么不同,刺激人们寻求幸福而摆脱痛苦的物质基础都是身体快感或身体疼痛。这个基础非常有限:包括健康、食物、防湿御冷的保护,以及性满足;或所有这些的缺乏。因此,人并不比动物享受更多的身体快感,只不过人的更高级的神经系统强化每一种快乐的感觉,同时也强化每一种痛苦的感觉。然而,人的情感即使比动物的情感强烈得多,人的情绪又比动物的情绪更深邃更热烈,但最终结果都是相同的:健康、食物、住处等等。

这是最重要的需求,因为对他来说,一切都由于对未来和匮乏的思考而大大加强,而这事实上正是忧虑、恐惧、希望之源,一旦唤起,这些忧虑、恐惧和希望就会对人产生比实际出现的快乐和悲苦强烈得多的影响。由于动物缺乏反思的能力,快乐和悲伤就不能像在人身上通过记忆和期待累积那样在动物身上累积。对动物来说，眼下的痛苦，即便重复无数次，也依然是第一次：它本身没有能力总结。于是，令人羡慕的镇静和冷漠就成了动物的特征。此外，对人来说，从与动物共享的快感和痛苦中演化出来的是对幸福感和痛苦感的一种强化，导致瞬间的发泄，这种发泄被证明是致命的，或可导致自杀式绝望。仔细想来，实际发生的是：他故意强化其需求，起初这些需求几乎与动物需求一样，并不难以满足；他因此强化其快感：于是就有了奢侈、甜食、烟草、鸦片、酒饮、服饰和与它们相关的一切。除此还有同样作为反思之结果的快感之源，因此也有痛苦之源，唯他所拥有，令他日思夜想，超越其他一切，包括雄心、幽默感和羞耻感；简单说，就是他所认为的别人对他的看法。这往往以上千种怪异的形式成为他全部努力的目标，这些努力超越了身体的快感和痛感。诚然，在智力快感方面，他超过了动物，对他来说这要分成许多不同的层次，从最简单的说笑话和谈话，到最高级的精神成就，但作为对此的抗衡，在痛苦的一边出现了厌倦，这是动物所感受不到的，至少在自然状态下如此，对于最聪明的家养动物而言，也不过稍有感知。但对人而言，它已经成为不折不扣的祸根。需求和厌倦实际上是人生的孪生两极。最后要说的是，对人而言，性满足维系于非常顽固的选择，有时固化为一种或多或少充满激情的爱。因此，对人而言，性欲成了短暂快乐和持续痛苦之源。

仅仅通过动物所缺乏的思想，就能在同样狭隘的痛苦和快乐的基础上，确定动物拥有如此广泛和崇高的人类幸福和痛苦的结构，而人应该服从于如此热烈的情感、激情和动乱，以至于可以从其面目永久的皱纹上读出其痕迹。事实上，人始终关心的只是动物也能得到同样的东西，而且是通过相对较小的情感付出而得到的，这的确了不起。然而，通过所有这些，人的痛苦程度在增加，远远大于快乐，而且由于这样一个事实而大大增强，那就是，人实际上了解死亡，而动物只是在实际不知情的情况下本能地逃离死亡，因此从未真正见过死亡，而人却由始至终面对死亡。

与人相比，动物更满足于纯粹的生存，植物亦然，而人则据其迟钝和麻木的程度而定。动物的生活因此没有人那么快乐，也没有人那么痛苦。其直接原因在于，一方面，动物摆脱了日常忧虑、焦虑和折磨；另一方面，它不怀有任何希望，因此也没有对幸福未来的期待，而这，以及伴随而来的想象的迷人产物，乃是人之最大快乐和最大快感的来源。动物既没有焦虑也不怀有希望，因为其意识只局限于清楚显见之事物，沉湎于当下时刻：动物是当下时刻的化身。但恰恰因为这一点，与人相比，动物似乎是真正睿智的，即能平和地、毫无烦恼地享受现时：其明显的镇定往往令我们人类羞愧，为我们常常动荡的、不满足的状况而羞愧。

7

如果上述讨论表明了人的生活何以比动物生活充满了更多的悲苦，而原因就在于人具有更强大的认识能力，那么，我们现在就可以回溯一条较为普遍的法则，并由此看到一个较为全面的景观。

认识本身是无痛苦可言的。痛苦只影响意志，存在于对意志的妨碍、阻碍、挫败之中。尽管如此，对意志的挫败，如果感觉那是痛苦的话，就必然伴随着认识，甚至身体痛苦也是以神经以及神经与大脑的关系决定的。因此，如果通向大脑的神经被切断，或大脑本身被氯仿所麻醉，肢体受伤也不会感觉到。精神痛苦以认识为前提，这是不言而喻的，很容易看到，随着认识的加深，痛苦也在增多。我们于是可以用比喻来描写这一整个关系，即意志是弦，挫折和障碍是弦的震颤，认识是音板，而痛苦则是音。

这就意味着，不仅无机物体而且植物也不能感到痛苦，无论它会经历多少挫折。另一方面，每一个动物，即便是纤毛虫，也有痛苦，因为认识，不管多么不完善，也是真正的动物性。在动物生命的每一个较高阶段，痛苦都在相应增加。最低级的动物，痛感极小，但即便最高级的动物也无法接近人的痛感，因为就算是最高级的动物也没有思想和概念。说这种痛感恰恰由于理性的存在而可能在否定意志的地方达到顶点，这是正确的，否则那就是纯粹毫无目的的残忍。

8

年轻时，我们面对眼前的生活就像儿童面对剧院里的幕布，幸福而紧张地期待着将要出现的场景。

幸运的是，我们不知道真正出现的是什么。对知者来说，儿童有时就像是无知的、未被判处死刑而被宣判活命的罪犯，他们还未发现对其的惩罚都包括什么。然而，每个人都期待着长寿，也就是这样一个状态，你可以说："今天不怎么样，一天不如一天啦，最糟糕的那一天终究会到来的。"

9

在大致可能的情况下，想象一下太阳在其运行轨道上所能照耀的每一种不幸、痛苦和悲苦的全部，你就会承认，如果太阳照耀地球上的生命就像照耀月球那样微乎其微，而在地球上如同在月球上一样，其表面仍然是透明的，那就会更好。

你也可以把我们的生活看作是对神圣安宁之虚无的一次无利可图的干扰。无论如何，即便感到生活可容忍可忍耐之人，也仍然是活得越久就越会感到，总起来说生活令人失望，甚至是一场欺骗。如果两个人年轻时是朋友，在整整一代人的时间过后于老年相遇，相见时的主要感觉除了与早年的记忆息息相关，也将在双方心中激起对整个生活完全的失望，在那玫瑰般的黎明，生活曾经是那么美好，给了你那么多的承诺，而最终实现的却如此之少。这种感觉将决定性地控制每一个人，他们甚至认为没有必要说出来，却沉默地将其作为谈资。

如果生育行为既不是欲望的结果，也不伴随着快感，而是基于纯粹理性考虑而决定的一件事，那么，人类还会存在吗？我们每一个人难道不都会为下一代感到如此的可怜以至于想要免去其生存的负担，或者至少不希望冷血地亲手把这负担压在下一代身上吗？

世界是地狱，人一方面是地狱里受折磨的灵魂，另一方面也是地狱里的魔鬼。

据说**大梵天王**由于犯了某种罪过或错误而创造了世界，并为赎罪而留在了世上，直到赎罪之后才离开。这好极了！**佛教**中，世界是在一段漫长的静寂之后，涅槃幸福状态的澄明被云无缘无故地遮蔽而产生的。因此，世界之源是一种根本上要从道德意义上理解的宿命，尽管在物质世界中与太阳原生于无法解释的一缕薄雾的说法构成了精确的类比。然而，由于品行不端，它自身也在逐渐恶化，最后呈现为现在的可悲状态。这妙极了！对**希腊人**来说，世界和诸神是由一种高深莫测的必然性使然；而这仅仅是一种权宜的解释。**奥姆兹德与阿里曼持续交战：这值得考虑**。[1] 像耶和华这样的神创造了这个由贪婪的欲望、痛苦和精神快乐构成的世界，然后走得如此之远以至于为这个世界而赞美自己，说一切都好：这完全不能接受。

即便莱布尼茨的演算说明这个世界是所有可能世界中最好的世界，并且是正确的，但仍然不能证实神圣的上帝。因为造物主不仅仅创造了这个世界，他还创造了可能性本身：因此他应该还创造了比此世界更好的一个世界。

一般说来，有两种观点反对这样的创世论，即世界是一个拥有无限智慧、无限善，同时拥有无限力量的神的成功之作：世界充满了痛苦，其最高度发展的现象，人，乃是其明显的瑕疵，这的确是一个荒唐的讽刺。这是无法解决的失调。相反，恰恰是这些事例证明了我们所说的是正确的，证实了我们把世界作为我们自己罪孽的产物，因而它最好从未出现这一观点。前一种观点是对造物主的苛刻控

---

1. 大梵天王是印度教主神。奥姆兹德是善神，阿里曼是恶神，均属于波斯古老宗教拜火教。——原注［本书注释若无另注，均为原注］

诉，为犬儒主义提供了素材，而按我们的观点，它们似乎是对我们自己的本性和意志的控诉，而且是刻意教我们谦卑的。它们让我们洞察到，就好比放荡不羁的父亲的孩子们，我们来到现世时就已经背负罪孽，仅仅因为我们继续为此赎罪，我们的生存才如此悲惨，结局才是死亡。最肯定的是，一般说来，给世界带来多重剧痛的恰恰是这个**世界的严重罪孽**。而这所意味的不是任何物理经验的联系，而是形而上的联系。堕落的故事也因此是令我与《旧约》和解的唯一理由；我甚至视其为那本书中包含的唯一的形而上真理，即便也确实以讽喻的形式出现。我们的生存迄今只相像于某种恶行的结果，是对某种被禁欲望的惩罚。

作为自己人生导向的罗盘，没有什么比习惯于把这个世界看作救赎之地、一种罪犯流放地更有用了。做到了这一点时，你就将根据事物的本性来安排对生活的期待，不再视生活中的灾难、悲苦、折磨和痛苦为非正常和意外，而会发现它们完全是自然而然的，熟知我们每一个人都以其特殊的方式在这个世界上为生存而接受惩罚。这个观点能使我们看到所谓大多数人的缺陷，即其道德和知识上的缺点,以及由此而导致的面相,既无惊诧,当然亦无义愤:因为我们总是牢记身处何处,因而认为每一个人首先只是作为罪孽而存在,生活也便是为这与生俱来的罪而抵罪。

相信世界,因而也相信人实际上是不该存在的,这事实上是刻意在我们身上挖掘宽容心:什么事物能像我们一样被置于这样一种境地呢?由此,你的确会考虑人与人之间的称呼不该是*monsieur*,*sir*(先生),而应该是*fellow sufferer, compagnon de misére*(苦难同胞)。这听起来不管多么奇怪,却符合本性,也即所有事物中最必然的本质:宽容、耐心、忍耐和澄明,这是我们每一个人都需要的,因此也是每一个人都拥有的。

↣ 论生存的虚无

1

生存的虚无在生存所呈现的整个形式中揭示出来：在时空的无限性与个体在二者中的有限性的对比中揭示出来；在作为现实存在的唯一形式的转瞬即逝的当下揭示出来；在一切事物的偶然性和相对性中揭示出来；在永不固存而不断生成中揭示出来；在永不满足的一个接一个的欲望中揭示出来；在生活所包含的奋斗的一个接一个的失败中揭示出来。**时间**和时间所导致的时间中存在的一切事物的**易逝性**不过是意志生存于其下的形式，就其作为物自身是不灭的而言，它向自身揭示其奋斗的虚无。时间是使一切事物在我们手中变成虚无、失去其一切真实价值的东西。

2

已是的不再是；所存在的与从未存在的一样少。但是的一切瞬间都将变成已是。因此，最无意义的现在比之于最有意义的过去拥有**现实**的优势。这意味着前者对后者承载着物之于无的关系。

令我们惊奇的是，我们在无数个千年的沉寂之后突然存在了；不久之后，我们又将不存在，之后还会有无数个千年的沉寂。心说，那是不可能的：即便对于最原始的理智，在想到这样的观点时，也一定会有一种对时间的观念性之预感。然而，与空间的观念性一起，这构成了一切真正的形而上学的关键，因为这为非常不同于自然的一种事物秩序留有余地。这也就是康德之所以如此伟大的原因。

我们生活的每一时刻只有瞬间属于现在；然后它就永远属于过去了。每一个晚上我们都因为又过了一天而更加贫穷。如果我们不在私下里意识到我们存在的最奥妙的深度，是我们与永不枯竭的永恒之井所分享的，我们从这口井中汲取新生和更新的时间，那么我们也许会为看到我们短暂的时间如此消逝而发狂。

当然，你可以依据这种理论来思考，认为最伟大的**智慧**就是享受当下，把这享受作为生活目标，因为当下才是全部真实，其余一切都纯粹是虚幻的。但你可以称这种生活模式为最大的**愚蠢**：因为瞬间便不存在的、像梦一样彻底消失的东西不值得付出任何努力。

3

我们的存在除了转瞬即逝的当下并无别的基础。因此，其形式本质上是无休止的**运动**，不存在我们一直追求的那种平静的可能性。这就好比一个人从山上跑下来，如果他想停下来就会摔倒，只能继续跑下去才能立足不倒；或像在手指头上平衡的一根杆；或像绕着恒星运动的行星，如果不再不可抗拒地前行，就会与恒星相撞。因此，存在的特征就是运动不息。

在不存在任何稳定性的一个世界里，不可能存在持续稳定的状态。万物卷入动荡的变化和混乱之中，只能靠继续前行才不至于从钢丝绳上掉下来。在这样的世界里，幸福并不像人们想象的那样多。它不可能驻足于什么都不发生的地方，而只能存在于柏拉图所说的永恒变化的、从不永驻的世界中。首先，人不幸福，他终其一生追求一种假想的而极少获得的幸福，而即便获得了也只能是对其感到失望；按规律，他最终桅断船沉，到达港湾。其次，一生中幸福与否其实都是一回事，那不过是一系列转瞬即逝的当下时刻，现在已到终点。

4

我们的生活场景与粗糙的马赛克图案相似：近看毫无效果，只有远观才显其美。这就是为什么获得了所欲求的东西后才发现它有多么空虚；尽管我们终生期待着更好的事物，但同时又始终遗憾地怀念过去，原因也在于此。另一方面，当下被视为暂时的，只是走向目标的路。这就是为什么大多数人在回首往事时，都发现原来一直都生活在过渡之中，并惊奇地看到他们轻易放过的、尚未享受的东西正是他们的生活，正是他们生活中所期求的东西。

5

生活首先表现为一项任务：维持其自身的任务，挣得生存的任务。如果这项任务完成了，所获得的就成了一个负担，接着便有了第二项任务：做点什么以避免厌倦。厌倦就像猛禽，在每一种安逸生活的上空盘旋。于是，第一项任务是获取，第二项任务是忽视所获，否则便会是负担。

人生必定是错误，这已被简单的观察所充分证明，即人是各种难以满足的需求的合成；而满足后的所获也不过是一个无痛苦状态，最终只能被移交给厌倦；而那种厌倦直接证明生存本身是毫无价值的，因为厌倦也不过是对生存之空虚的感觉。如果在对我们的本性和存在所包含的欲望中，生活本身拥有正面价值和真实内容，那就不会产生厌倦：单纯的生存便会令我们充实和满足。事实表明，除非在努力获取的时候，我们毫无生存快感，在努力的过程中，距离和困难使我们的目标显得令我们满足（一旦达到目标便会消失的一种幻觉）——或专注于纯理智的活动，在这种情况下，我们真的走出了生活，以便从外部审视生活，仿佛游戏的旁观者。甚至感官快乐本身也含有一种持续的努力，目标达成便即刻结束。无论何时，只要我们不投入这些事情而直接返回生命本身，无价值和虚无就会降临我们，这就是所谓的厌倦。

6

由人的有机组织表征的生存意志的最完美表现，及其无可比拟的精巧和复杂机制，必定沦为粉尘，其整个本质和一切努力最终都将归于湮灭。这是自然毫不含混的宣言，这种意志的全部努力本质上是徒劳的。如果那是本身具有价值的、应该无条件地存在的东西，那就不能以非存在为其目标。

然而，我们的开端与我们的结局之间究竟有何差别！我们以肉体欲望的狂迷和强烈的感官享受开始，我们以各个身体部件的分解和身体的霉臭结束。从一端到另一端的路程，仅就生活的幸福和快乐而言，走的也是下坡路：充满快乐梦想的童年，兴高采烈的青春，辛苦劳作的成年岁月，病体缠身的悲惨老年，最后是疾病的折磨和死亡的剧痛，难道这生存看上去不像是一次错误吗？其后果不也是越来越清晰吗？

　　我们将尽最大努力视生活为幻灭的过程：因为再清楚不过的是，在我们身上所发生的一切都是算计的结果。

↣ 论物自体与其表象的对立

1

物自体指的是独立存在于我们感知之外的东西，实际所是的东西。对德谟克利特，那是物质；对洛克，根本上也是物质；对康德，它等于X；而对我，那是*意志*。[1]

2

正如我们只了解地球的表面，而非地球内在的

1. 德谟克利特（Democritus，约公元前460—前370年），希腊哲学家，原子论的创始人。约翰·洛克（John Locke，1632—1704年），17世纪末英国代表性哲学家。

巨大硬块，所以，我们也经验地了解事物和世界的表象，而别无其他，也就是说，只了解**表象**。对此的确切认识构成了最广义的**物理学**。但是，这个表面预设了一个内在，它不仅是各种表面，还拥有立体内容，由此可以推导出这个内在的性质，即**形而上学**的主题。试图据表象的规律来理解事物自身的本质可以比作试图从无数表面和应用于表面的规律来理解立体实体。每一种教条的超验哲学都试图根据物的**表象**的规律来理解物自体，这就好比让两个绝对不相似的物体相互覆盖，一种常常失败的尝试，因为无论你怎么转动，总是有这个或那个棱角突出出来。

3

由于自然中的一切同时既是**表象**，又是**物自体**，或**被动的自然**（natura naturata）和**能动的自然**（natura naturans），因此易于进行一种双重解释，**物理的和形而上的解释**。物理的解释总是依据**原因**，形而上的解释则依据**意志**。因为在无认知能力的自然中作为**自然力**出现的东西，在更高层面上作为**生命力**出现的东西，在动物和人身上是以**意志**之名出现的。因此，严格说来，人的智力程度和倾向以及道德性的构成也许能够回溯到纯粹的**物理**原因，前者源自大脑和神经系统的构成，以及影响二者的血液循环，后者源自心、血管、血液、肺、肝、脾、肾、肠、胃、外生殖器等的构成和协同效用。我承认，这需要比比沙[1]和卡巴尼斯[2]所掌握的多得多的物理学与道德之关系的确切知识。二者继而可以进一步回溯到其更遥远的物理原因，也即其父辈的特征，鉴于他们能为相似的存在而非更高级、更好的存在提供种子。另一方面，从**形而上学**的角度，同一个人也可以据他自己的灵性形式来解释，即完全自由和原始的意志，它为自身创造了适当的智力，于是，他的一切行动，无论在任何特定时刻多么必然地是其性格与其动机之冲突的结果，多么必然地是由于身体原因造成的后果，都完全归属于他。

---

1. 马里·弗朗索瓦·格扎维埃·比沙（Marie Francois Xavier Bichat，1771—1802年），解剖学家和病理学家。
2. 皮埃尔·让·乔治·卡巴尼斯（Pierre Jean Georges Cabanis，1757—1808年），医生和医学作者。

4

我们感知和思考任何自然生物也就是动物的存在、生活和活动时,它就站在我们面前,尽管动物学和动物解剖学教我们了解了有关动物的一切,但它仍然神秘得深不可测。但是,就其十足的执拗而言,自然真的对我们的疑问不闻不问吗?自然难道不像一切伟大事物一样是开放的、可交流的,甚至是天真的吗?除了我们的问题是错误的、基于虚假的前提、内含某种矛盾的,还有其他原因致使她不能回答我们的问题吗?能否想象自然中也存在着本质上永远无法发现的因果规律呢?不,当然不能。自然深不可测是因为我们在一个找不到这种形式的领域里寻找因果。我们试图抵达自然的内在,它通过每一种现象在充足理由原则的引导下望着我们,而这仅仅是我们的智力借以理解表象即事物表面的形式,而我们却想要在表象的限域之外利用它,因为在这些限域之内它是可用的和充足的。举个例子,某一特定动物的生存可以用其生育来解释。这基本上没什么神秘的,与由其原因产生的任何其他结果,即便是最简单的结果没什么两样,但即便是最简单的情况,其解释最终仍然是不可理解的。就生育而言,即便我们的因果链中缺少几个环节,也不会造成本质的差别,因为即便我们补上这几个环节,我们最终仍然面对着不可理解性,因为表象依然是表象,不是物自体。

5

我们抱怨我们生活于其中的黑暗:我们不理解一般存在的性质;我们尤其不明白我们自己与其他存在之间的关系。不仅我们的生命短暂,我们的认识还完全为其所束缚,因为我们既不能看到生前,也不能看到死后,因此,我们的意识就仿佛瞬间照亮黑夜的闪电:它真的像恶魔一样恶意地关闭了我们的认识之门,让我们享受我们的困惑。

但这番抱怨实际上是没有正当理由的:因为它源自产生于虚假前提的一种幻觉,即事物的总体出自**智力**,因而在成为现实之前作为**观念**而存在。根据这个前提,事物的总体由于产生于知识领域,必定完全可以理解认识,完全可以用知识加以解释并透彻地理解。但是,真相恐怕是,我们所抱怨的未知的东西也是任何其他人所未知的，实际上或是不可知的，也就是不可能被理解的。[1] 一切认识都在观念领域之内，一切知识也因而指的是观念。观念仅仅是存在的外在的、次要的、补充的一面，也就是说，不是物自体即宇宙总体的维护所必需的，而仅仅是个体动物存在的维护所必需的。因此，物自体的存在仅仅偶然地进入认识领域，因而也只是在非常有限的程度上：在动物意识中，它只构成画面的背景，而意志的目标则是本质因素，占据前沿。于是，在这个偶然之中产生了整个时空世界，即作为观念的世界，不拥有认识领域之外的任何存在。那么，由于认识只出于保护每一个体动物的目的而存在，一切认识形式，如时间、空间等，也就只适用于这样一个个体的目的：而这要求关于个体表象之间关系的认识，绝不需要关于事物本质和宇宙总体的认识。

康德已经表明，或多或少令每一个人感到困惑的形而上问题没有直接的答案，也根本没有令人满意的答案。其终极原因在于，它们源自我们智力的形式：时间、空间和因果律，而这种智力仅仅是为

---

1. 原文是 Nicht vorstellbar，意为不可想象的或不可理解的，但叔本华的用法还具有一个特殊意思："不能成为一个观念（Vorstellung）"。

个体意志规定动机的，也即为个体意志指明欲望的目标，以及占有这些目标的方法。但是，如果这种智力被指向事物存在之本体、指向世界总体和内在构成而被滥用，那么，前述事物的邻近性、连续性和相互依存的形式就会产生形而上学问题，如世界和人自身的起源和目的、开端与结束，由死亡而导致的消亡，或尽管必死但依然继续的存在，意志的自由，等等。如果想象这些形式一旦被移除，对事物的意识还依然出现，那么，这些问题就不是被解决，而是成为非存在：它们会完全消失，表达它们的语词也不再具有任何意义。因为它们都产生于这些形式，其目标不是理解世界和存在，而仅仅是对我们自身目的的一种理解。

看待这个问题的一整套方法给我们提供了对康德理论之**客观证据**的一个解释，即创始者仅仅从**主观观点**出发，理性的诸种形式只能内在地而非先验地应用。为了不采用这样的方式，我们可以说：智力是物理的而非形而上的，也就是说，与意志的客观化相关，智力源自意志，只为服务于意志而存在：而这种服务只关注自然中的事物，而非自然之外或超自然的事物。显然，一个动物拥有智力只是为了发现和捕捉食物的目的；它所拥有智力的程度是由这个目的决定的。人也没什么不同，只是在这方面，对人的保护和维持更加困难，人的需要的无限增加使其必须拥有更大程度的智力。只有在超越了规范之时，才会出现不被役使的**智力的过剩**：当这种过剩相当多的时候，那就是**天才**。这种智力首先是**客观**的，但也可以继续发展而成为某种程度的形而上的智力，或至少可以朝这个方向努力：因为客观性的结果就在于，自然本身，事物的总体，现已成为智力的主体和问题。在这样一种智力中，自然第一次开始自视为所是却**不能**是的东西，或可能是其非所是；而在普通的、纯粹正常的智力中，自然并不能清楚地感知自身，正如磨坊工人听不到自己的磨声或香水商闻不到自己的香气一样。对于正常的智力，自然不过是理所当然的：它被自然捕捉并被自然包围。只在某些较为澄明的时刻，智力才感知自然，并几乎为其所见而惊愕，但这种感觉瞬间即逝。这种正常的头脑所能成就的哲学思考，即便数以千计地聚集在一起，其结果也是极易想象的；但是如果智力的源泉和使命都是形而上的，尤其是在各种力量聚集之时，它就能促进哲学，促进每一种科学。

⇝ 论生存意志的肯定与否定

1

这在某种程度上显然是先验的——一般来说是不言而喻的——在当下产生世界之现象的东西,也能够不产生世界之现象,因此保持不活跃的状态。如果前一个状态构成了生命自愿选择的现象,那么,后者就将构成非意志的现象。而这在本质上等同于吠檀多派和佛教的涅槃。

否定生命意志绝不意味着对实体的废除。这仅仅意味着非意志行为:以前*所意志的*,不再意志。这个意志,如物自体一样,我们只能在意志中并通过*自愿选择*的行为才能认识到,因此,我们不能够言说和构想所是,或在其停止行动之后继续行动:对作为**意志现象**的我们来说,这种生命意志的否定**对我们而言**,就是向虚无的过渡。

2

在希腊人的伦理与印度人的伦理之间,有一种炫目的对仗。前者的目的(柏拉图除外)是要使幸福生活,一种无忧无虑的生活(vitam beatam)成为可能;相反,后者的目的是全然从生活中解脱出来,这是《数论颂》(*Sankhya Karika*)第一句话所直接陈述的。

如果你在佛罗伦萨艺术馆看到美丽精致的古代石棺,你就会看到一个类似的对比,由于其具有可见的形式,因此显得更有力,石棺浮雕上刻画的是婚礼的整个场面,从第一次求婚到主婚姻的女神用火把照亮去往新房的路,然后你将其拿来与**基督教**的棺柩做比较,后者覆盖着黑布以示哀悼,还放着一个十字架。这一对比具有最高的意义。二者都意欲在面对死亡时提供安慰,却是以相反的方式,而且都是正确的。一个表示对生命意志的**肯定**,由此,生命有了保证，尽管其体态和形式将迅速相互取代。另一个由悲苦和死亡所表征，表示对生命意志的否定，以及从死亡和魔鬼统治的世界中得到救赎。在古希腊罗马的异教精神与基督教精神之间，真正的对仗是对生命意志的肯定和否定，在这个问题上，基督教从根本上是可诉诸的最后手段。

3

我的伦理学与所有欧洲哲学家的伦理学之间的关系，就如同《新约》之于《旧约》的关系，即基督教教会意义上的这种关系。《旧约》把人置于法之下，而法并不导向救赎。另一方面，《新约》宣称法是不充分的，实际上，它豁免人对法的服从[1]，代之以恩典的王国，人通过信仰、仁爱和对自我的完全否定进入其中：尽管有新教和理性主义者的每一种错误表征，《新约》的真正灵魂无疑是禁欲主义。这种禁欲主义精神恰恰就是对生命意志的否定，而从《旧约》到《新约》的过渡，从法的统治到信的统

---

1. 叔本华在引用《罗马书》第7章与《加拉太书》第2章和第3章。

治的过渡，从工作救赎的正当性到教会代理的过渡，从罪与死的统治到基督永生的过渡，在严格意义上，都意味着从纯粹道德美德向否定生命意志的过渡。我面前的一切哲学伦理学都忠实于《旧约》精神：设置一种绝对的道德法则（没有根基、没有目标的法则），包括道德戒律和禁令，而在其背后则秘密地引入了一个独裁的耶和华。不管这种伦理哲学呈现为什么形式，这却是真实的。相反，我的伦理学有根基、目的和目标：首先，它在理论上展示了正义和仁爱的形而上基础；其次，它表明如果圆满地应用，所有这些最终能导向其目标。同时，它坦承世界的不道德本性，把对意志的否定作为救赎之路。因此，我的伦理学实际上秉承《新约》精神，而所有其他的伦理学则秉承《旧约》精神，所以，即便在理论上也不过等同于犹太教，也即赤裸的专制神学。在这个意义上，我的教条可以称作真正的基督教哲学，尽管对于拒绝渗透到物质本质而愿意浮于表面的人来说，这种说法可能显得自相矛盾。

4

能够深入思考的人很快就将发现人的欲望并非

只在彼此偶然相遇、产生伤害和邪恶时才是有罪的；而是只要它们导致了恶果，它们就一定原本在本质上就是有罪的和不道德的。世界所充满的残忍和折磨实际上纯粹是生存意志客观化的各种形式之总体的必然结果，所以纯粹是对生存意志之肯定的评论。我们的生存本身就意味着罪过，这种说法由死亡的事实得以证明。

5

如果在理解世界的过程中，你从物自体开始，从生存意志开始，那么你就会发现其内核，其最大的集合点，就是生育行为。另一方面，如果你从世界的表象开始，从经验世界开始，从作为观念的世界开始，你看到的会构成多么鲜明的对比呀！这里，生育行为被视为完全超然和独特的东西，具有隶属意义的东西，实际上是被遮盖和隐蔽的次要事物，是为幽默提供大量素材的自相矛盾的反常现象。然而，我们可能将其视为魔鬼掩盖其诡计的例子：难道你不曾发现，尤其是在我们专注于某一女人而迷恋她之时，性欲已成为这个崇高世界之冒名行骗的典范，因为它许诺过多，而实施却令人痛苦地极少。

女人的生育在某种意义上比男人的较为清白，因为男人给孩子以**意志**，而意志是原罪，因此也是一切罪孽和邪恶之源，而女人给孩子以**知识**，由此开辟了救赎之路。生殖行为是宇宙的结点，它宣告："生存意志再一次被肯定。"另一方面，受孕和怀孕宣告："知识之光再一次与意志结合。"借此，它能再次发现走出世界之路，而救赎的可能性也再一次开启。

正是这一点说明了一个明显的事实：每一个女人虽然为生育的行为感到惊讶并羞愧至死，但仍然在怀孕期间毫无愧色，实际上为之感到骄傲。其原因在于，怀孕在某种意义上消除了由性交而犯的罪过。因此，性交承载着生育的一切羞耻和耻辱，而怀孕，与性交如此密切相关，却是纯洁无辜的，实际上在某种程度上也是神圣的。

性交主要是男人的行为，怀孕完全是女人的行为。孩子从父亲那里接受意志和性格，从母亲那里接受智力。后者是救赎原则，而意志则束缚原则。性交表明，虽然每一次都通过智力而增进澄明，但生存意志继续存在于时间之中；生存意志的重新具体化表明,知识之光,最高级的澄明,即救赎的可能性,再次与这种意志联手。其符号就是怀孕,因此怀孕坦然而自由地进行,实际上是骄傲地进行,而性交则像罪犯一样隐蔽地进行。

6

非正义或邪恶的行为,仅就实施者而言,表明他肯定生命意志的力度,因而也表明他离真正的救赎,即对生存意志的否定还有多远,以及离从这个世界中救赎出来还有多远。它们也表明在获得救赎之前,他还要进行多长时间的认识和悲苦教育。然而,就为这些行为而忍受悲苦的人而言,尽管在形而下的层面上是恶的,但在形而上方面却是善的,从根本上是有益的,因为这些行为帮助他走上真正的救赎之路。

7

世界精神:这就是你全部的劳动任务和全部的悲苦:你为此而*存在*,就像所有其他事物存在一样。

人：但我从生存中获得了什么呢？如果生存是充实的，我只有忧虑；如果生存是空虚的，我只有厌倦。你怎么能为如此繁重的劳动和如此多的悲苦而给我如此贫乏的回报呢？

世界精神：但那与你全部的劳苦和全部的悲苦是成正比的，而那恰恰是由于它的贫乏。

人：确实如此！这我理解。

世界精神：我明白。（自白）我是否该告诉他生命的价值也恰恰在于此，即教他不想要这个价值呢？生命本身必须为他准备好这个至高的开端。

↣ 论死亡对生存本质的不可摧毁性

1

你应该读一读让·保罗的《赛利纳》，看一看一流的心智是如何处理他所认为的虚假概念之荒谬的，虽然他不断为无法接受的荒谬而烦恼，但还是由于心系于它而不想放弃它。[1] 所论的概念是人死后整个个体意识持续的个体生存。让·保罗这方面的斗争

---

1. 约翰尼斯·保罗·弗雷德里希·里希特（Johannes Paul Friedrich Richter, 1763—1825年），以笔名让·保罗著称，是其所处时代的最流行的德国作家之一。《赛利纳》发表于1827年，是一次不成功的尝试，他试图弄明白他的宗教信仰能给他什么：让·保罗决定不再接受基督教，但他发现不可能放弃一些信念，例如永生的信仰，而这种信仰，如果不是作为他所拒绝的基督教的一部分，是不可理解的。

和挣扎表明这种观念掺杂着真实和虚假的概念，并不是一般所认为的富有成效的错误，而绝对是有害的错误。因为灵魂与身体的虚假对立，以及整个个性被升华为必定永存的物自体，我们无法真正认识到——这种知识衍生于表象与物自体之间——其实我们的内部存在不为时间、因果和变化影响，因而具有不可摧毁性；此外，这个虚假概念甚至被当作真理的替身，因为理性不可能持续反感它所包含的谬误，因此必定放弃与其混合在一起的真理。真理最终只能容忍一种纯洁的状态：如果真理掺杂了错误，就会分享错误的脆弱。

2

在日常生活中，有愿意了解一切但又不愿意学习的人问你关于死后继续生存的事，最适当或最准确的答复是："你死后，你将是你生前之所是。"这个回答意味着，要求一个生存的类属既有开端又有结局这是荒唐的；此外，它还包含一个暗示，可能有两种生存，因此也有两种虚无。但你也可以这样回答："你死后不管是什么——即便是虚无——那也将自然地适合你现在的个体的有机生存;因此你最需恐惧的是过渡的瞬间。实际上,由于对物质的成熟思考会导向这样一个结论,即总体的非存在将优好于我们现在的生存,我们不再存在的观念,或我们不再存在于时间之中的观念,从理性的观点来看,与我们从未曾存在的观念一样并不那么困扰我们。既然这种生存本质上是个体的,那么,就不必把个体的终止看作是损失。"

3

如果我们想象一种生物会对万物进行观察、了解、理解,那么,我们死后是否生存的问题对那种生物来说就不具有任何意义,因为在我们现存的、临时的、个体的存在状态之外,生存和终止将不再有任何意义,而是不可相互区别的两个概念;所以,毁灭的概念和继续生存的概念就都不能应用于内在的本质的存在,即物自体,我们只是这个物自体的表象,因为这些概念是借自时间领域的,而时间仅仅是表象的形式。另一方面,我们可以想象,位于我们表象之核心的这种**不可毁灭性**不过是其**持续的**

生存，实际上根据它寓于其中的*物质世界*的构成，尽管其形式千变万化，它依然固存于时间之中。那么，如果这个核心的持续生存被否定，根据*形式*的构成，我们就把我们在时间上的终结视为一种毁灭，假如承载它的物质被撤回了，这种"毁灭"也就消失了。然而，这两个观念都是把现象世界的形式转移到物自体。但对于并不持久存在的不可毁灭性，我们甚至难以确立抽象概念，因为我们缺乏确立抽象概念的直觉。

然而，事实上，新的存在不断进入生存，现存存在的毁灭，可以看作是两片透镜装置（大脑功能）所产生的幻象，我们只能透过它们来看到一切事物：这就是时间和空间，以及它们的相互渗透，即因果关系。我们在这些条件下看到的一切都纯粹是表象；我们不知道事物本身是什么样子，也即它们独立于我们对它们的感知。这就是康德哲学的实际内核。

4

那么怎样才能相信一个人*死*时物自体也变成*无*了呢？人类直接或直觉地认识到，当这种情况发生时,仅仅是一个表象,也即所有现象的形式,在时间中的终结,而物自体没有受到影响。我们都感到我们并不是某人从无中创造的某物,由此而产生这样一种信念,即死亡可能会终结我们的生活,但不能终结我们的存在。

5

你越是清楚地意识到万物的脆弱、虚无和梦一般的性质,你就越清楚地意识到你自己内在存在的永恒性,因为只有与此相对比,前述事物的性质才凸显出来,正如只有在你看着不动的岸边,而不看船本身时,你才能看到一艘船的速度。

6

现时由两部分构成:**客体**和**主体**。只有客体的一半才把时间直观感觉为形式,因此不可抗拒地流逝;主体的一半恒久不动,始终如一。正是从这一点,我们才有对久远过去的栩栩如生的回忆,尽管我们知道生命转瞬即逝,却依然意识到我们的不朽。

无论何时，只要活着，我们就有意识地立于时间的中点，从未立于时间的终点，我们可以由此推知，我们每一个人都携带着整个无穷时间中静止的中点。从根本上说，正是它给了我们不惧怕死亡而活下去的信心。

拥有强大记忆力和想象力的人，能最清晰地回想起许久以前生活的人，将比别人更能意识到**整个时间中所有现在时刻的本体**。通过对所有现在时刻之本体的意识，人把消失得最迅速的时刻理解为唯一持续的时刻。在最严格的意义上，**现在**是现实的唯一形体，它源自**我**们，因此产生于内部而非外部，凡是借助本能意识到这一点的人，都无法怀疑其自身的不可毁灭性。他将明白，尽管他死的时候，客观世界以及它借以呈现自身的媒介，即知性，也将失去，但他的生存却不受其影响，因为他内部的现实与外部的现实没什么两样。

无论是谁，如果不相信所有这些就必然站在其对立面，说："时间是完全客观的、真实的，独立于我而存在的。我只是偶然地被抛入其中，占据了其中一部分，因此达到一种瞬间的现实，正如在我之前有数千人已化为虚无，我也将很快化为虚无。另一方面，时间是真实的：它将在没有我的情况下继续前行。"我认为这种观点从根本上是反常的，实际上是荒唐的，需要加以清楚陈述才能明白。

当然，所有这些都意味着，生命可以视作一场梦，死亡就是梦醒：但是，必须记住，个性、个体都属于梦中，不属于已醒的意识，这就是为什么死亡对个体来说就是毁灭。无论如何，按照这个观点，死亡不能视为向某一全新和陌生状态的过渡，而是回归到只是短暂缺席的、原属于我们自己的状态。

毫无疑问，意识在死亡中被摧毁。但是，产生意识的东西绝没有被摧毁。意识首先取决于知性，而知性取决于生理过程：这个过程显然是大脑的作用，其前提是神经和血脉的合作。更准确地说，由大脑滋养，由心脏精巧而神秘的机制恒常地激励和促进。这是解剖学可以描述，但生理学所不能理解的，而客观世界的现象和我们思想的作用都是由此而来的。不能认为一种个体意识，也就是任何类的意识，都是脱离**身体**而存在的，因为认知，及一切意识的前提，必然是大脑的作用，准确地说，因为大脑是知性的客观形式。那么，由于知性显示为生理现象，因而它寓于经验现实之中，也就是表象的领域，被视为次要的东西、生命进程的结果，因此它在生理上也是次要的，是意志的对立面，所以意志才是首要的，是无所不在的原初元素。这样，由于意识并不直接遵守意志，而是以知性为条件，而后者又是以有机组织为条件的，那么，毫无疑问，意识因死亡而熄灭——如睡眠或任何昏厥的形式。但不要气馁！这要看那是一种什么样的意识。大脑、动物、某种高级的兽性意识，我们都与整个动物世界共享其全部本质要素，即便意识的确在我们身上达到了顶点。就始源和目的而言，这种意识仅仅是帮助动物获取所需的权宜之计。另一方面，死亡令我们回归之状态是我们的原始状态，也就是存在的内在状态，其运动原则在于产生和维持现已到达终点的生命：这是物自体的状态，与现象界正相反。而在这个原始状态中，如大脑这种暂时的替代物，由于它仅仅是对表象的认知，恰恰是全然多余的；也正因如此我们才会失去它。对我们来说，它的废除是与现象界的终止同步的，它是现象界的唯一媒介，也只有在现象界的限域内有所作用。即便在这个原始状态，我们保留了这种动物意识，而我们应该像治愈了的跛子放弃拐杖一样放弃它。因此，无论是谁，为即将失去这种适应并仅能生产表象的大脑意识而遗憾的人，就好比来自格陵兰岛的了解到天堂没有海豹而拒绝进入的皈依者。

这里所说的一切都进而取决于这样一种设想：**我们能够把一种并非无意识的状态想象为一种认知**的状态，进而承载一切认知的基本形式，也即主观与客观、知性与已知的分类。但我们必须考虑这种知性与已知的整个形式仅仅是以我们的动物本性为条件的，而动物本性是次要的和派生的，因此绝不是一切本质存在和生存的原始状态，后者的构成可能是非常不同的，而又**并非无意识的**。我们内在的实际存在，仅就我们所能参透的而言，不过是**意志**，而这本身并没有认知。那么，如果死亡剥夺了我们的知性，我们就因此被传输到**无认知**的原始状态，而那又不简单是一个无意识状态，而是高于那种形式的一个状态，一个主观与客观的对立被减弱的状态，因为将被认识的事物在这里实际上与具有知性的东西是不可分割的一体，而这是一切认知的基本条件（恰恰是这个对立）所缺乏的。

7

如果现在不进行**内观**，我们再次**看向外部**，对世界采取客观的看法，依其自身呈现的样子去看待，那么，死亡对我们来说就是向虚无的过渡；而另一方面，生将呈现为从虚无中出现。但无论是过渡还是出现都不可能是无条件的真实，因为它们只拥有现象界的现实。我们会在某种意义上克服死亡，这种想法已经与生育一样不再是什么奇迹了，我们每一天都能亲眼看到。已死的已回归到所有生命源生之处，包括其自身的生命。由此观点出发，我们的生命将被看作从死亡那里借来的债务，而睡眠则是为此债务付出的利息。死亡坦然自称是个体的终结，但在这个个体身上潜伏一个新存在的胚芽。因此，死亡并非永恒的死亡；而出生并不完全接受全新的生存。死的东西已经毁掉，但胚芽仍在，由此产生新的存在，它不知道何时进入生存，也不知道为何进入。这就是**轮回**的神秘性；它向我们揭示出现在时刻所存在的一切包含着将在未来生存的一切的实际胚芽，因此，在某种意义上，这些未来的东西已经存在了。因此，在有生期间，每一个动物都始终向我们呼唤："为什么哀叹有生命之物的瞬时性？如果在我之前到来的我的所有同类还没有死亡，那么我该如何生存？"不管世界舞台上的戏剧和面具如何变化，出现在舞台上的演员都是相同的。我们坐在一起，谈话，越来越兴奋，我们的双眼发光，我们的声音越来越高。一千年前的其他人也同样，坐着，谈话。同样的事，同样的人，此后一千年也将如此。阻止我们发现这一点的装置是时间。

人要清楚地区别灵魂转世（metempsychosis）与再生（palingenesis），前者指的是所谓的整个灵魂转入另一个身体；后者指的是个体的解体和重建，持久存在的只有意志，并呈现新的形态，接受新的知性。

在整个时间中，男性储藏人类的意志，女性储存知性。因此，我们每一个人都拥有父亲和母亲两方面的因素；这两种因素通过生育结合起来，又通过死亡而分离，死亡因此是个体的终结。我们为这个个体的死悲痛万分，感觉是我们真正的损失，但这个个体也不过是现已无法复合的一个合成物。但在所有这些当中，我们切不可忘记从母亲那里得到的知性不如从父亲那里继承来的意志那样坚定和无条件，理由就在于知性的次要性和纯物理属性，完全取决于有机体。

因此，可以从两个相对立的角度来看待人类。从一个角度看，人是转瞬即逝的个体，承载着错误和悲伤，在时间中有开端和结局；从另一个角度看，人是不可毁灭的，他是在现存的每一事物中客观化的原始存在。

8

色拉叙马霍斯[1]：总之，我死后将成为什么？请清楚和准确地回答！

菲勒里西斯[2]：一切皆是，又一切都不是。

色拉叙马霍斯：如我所料。因为结论之于问题——一对矛盾。这是个非常陈旧的诡计。

菲勒里西斯：因为用表达内在认识的语言回答超验的问题注定会导致矛盾。

色拉叙马霍斯：你说的超验的是什么？内在认识又

---

1. 出现在柏拉图的《理想国》中，试图论证"强大即正确"。最早探讨修辞学的人之一，特点是关注输赢而不关注真理。
2. 直译是"爱真理者"，哲学家的统称。

是什么？——我也熟悉这些表达。我从教授那里学来的，但只是用来描述上帝的。教授的哲学是专门讨论上帝的，这是非常正确和正当的。如果上帝在世界的某处，他就是内在的；但是如果他坐在世界之外的某处，他就是超验的。那么，清楚了，这是你所能理解的！你知道你在什么立场上。但是，没人能再理解你那些过时的康德术语。那该是什么意思呢？

菲勒里西斯：超验知识超越一切可能的经验，试图确定物自体拥有的性质；另一方面，内在知识局限于可能的经验范围之内，因此只言说表象。你作为个体将以死亡告终。但你的个体性并不是你本质的、终极的存在，仅仅是这个存在的表征；你的个体性不是物自体，而仅仅是物自体的表象形式，出现在时间中的面相，因此有开头和结尾。另一方面，你的存在自身不认识时间，不认识开头或结尾，也不认识特定个体性的限域；因此任何个体性都不能排除它。它无处不在，无人不有。因此，在前者的意义上，你死后将成为虚无；在后者的意义上，你死后将成为一切。这就是为什么我说你死后既是一切又是虚无。你的问题几乎不允许比这更短且好的答案，即便这确实含有一对矛盾，而这恰恰是因为你的生命在时间之中，但你的不死性则在永恒之中。因此你的不死性也可以说成是没有持续生存的不可毁灭性，而这又相当于一对矛盾。

色拉叙马霍斯：如果不包含我个体性的持续生存，我不会用一毛钱来换取你所谓的不朽。

菲勒里西斯：但是，你也许愿意讲讲价钱。假如我保证你的个体性将持续存在，但条件是你必须处于连续三个月的死亡—睡眠的完全无意识之中。

色拉叙马霍斯：愿意为之。

菲勒里西斯：但是，由于在完全无意识的状态下，我们不会察觉时间的流逝，所以，无论是在死亡—睡眠中躺三个月，还是在有意识的世界里度过一万年，对于我们来说都是一样的。因为在每一种情况下，当我们醒来后，我们根本想不到我们已经睡了多久。所以，不管你的个体性在三个月还是一万年后恢复，都没有区别。

色拉叙马霍斯：这个无法否定。

菲勒里西斯：但现在，如果一万年后忘记唤醒你，我认为，这并不一定是非常不幸的事，因为与你短暂的存在时期相比，你的非存在（non-being）时期会长得多，你会完全习惯于它。然而，可以确定的是，你一点也不会想到你没有被唤醒。如果你知道推动你当下的表象形式的神秘机制在一万年中始终没有停止生产和运动的其他表象，你将对整件事完全满意。

色拉叙马霍斯：不。你不能那样窃取我的个体性。我已经规定我的个体性将继续存在，我也不能因为机制和表象而接受它的消失。我，我，我想要存在下去！那就是我想要的，而不是首先通过论证才能相信我所拥有的那种生存。

菲勒里西斯：可你看看周围吧！喊着"我，我，我想要存在下去"的不止你一个人；一切，稍微有点意识迹象的绝对的一切。所以，你的这种欲望恰恰不是个体的，而是毫无例外的万物所共有的。它并非产生于个体性，而是产生于个体的**生存**，内在于**存在**的万物，实际上，这也是它之所以存在的**理由**，因此也由**这种生存**而满足：欲望追求的只是它，而不完全是某一特殊的个体生存。如此强烈地渴望生存的仅仅是**间接的**个体。直接的和内在的个体则想要这样生存的意志，这在万物中都是相同的。那么，由于生存本身是自由的，实际上是意志的纯粹反映，因此意志不能没有它：然而，意志只是短暂地满足于生存，也就是说，仅就永远不能被满足的东西可以被满足这一点而言。个体对意志不感兴趣；意志也不在乎个体，尽管看起来如此，因为个体除了自身之外并不了解意志。由此导致的结果是使个体更多地考虑维持生存，这也就维护了种属的生存。由此可以推知，个体并非完善的形式，而是一种限制：因此，把它解放出来并不是损失，而是收获。所以不必为它担忧了，真的，如果你了解自身存在的深处是普遍意志，那么，你就会感觉这种担忧是幼稚的、全然荒唐的。

色拉叙马霍斯：幼稚和全然荒唐，那就是你自己，以及所有哲学家。如果像我这样一个成年人与这种傻瓜待上十五分钟，那就纯粹是消磨时间。我现在有更重要的事情要做。再见。

↣ **论自杀**

1

仅依我所见,只有一神教,也即犹太教,其信徒视自毁为犯罪。更令人惊奇的是,无论是在《旧约》还是《新约》中,都没有发现有任何禁止甚或明确不同意自毁的地方;因此,宗教教士们不得不依据自己发明的哲学基础来禁止自杀,而这些哲学基础如此贫乏,以致其立论缺乏力度,他们不得不用词语的力量来弥补,来表达憎恶。于是,我们听说自杀是最胆小的行为,只有疯子才自杀,或做类似的无趣行为;或那种毫无意义的断言,说自杀是"错的",尽管人生在世,一个最无可置疑的**权利**就是如何对待自己的生命和肉体。我们权且让道德感情来解决这个问题,看看一个熟人犯罪的消息,如谋杀、残酷行为、背叛、偷盗,这些给我们留下的印象,并将其与他自愿了结自己性命的消息留下的印象相比较。前者将激起某种激烈的愤慨、愤怒,提出惩罚或复仇的要求,后者将引发怜悯和悲伤,并可能会伴有对其勇敢行为的仰慕,而非道德谴责。谁不曾有过熟人、亲朋自愿离开人世的?——人们应该对他们表示厌恶,好像他们是罪犯吗?在我看来,反倒应该要求教士们告诉我们,他们凭借什么权威走上讲坛或课桌,把我们敬仰和爱慕的许多人的一种行为说成是**犯罪**,不给自愿离开人世的人以体面的葬礼:他们拿不出一处《圣经》的权威论据,也提不出一个无懈可击的哲学论证;显然,人们需要的是**理由**,而非空洞的词语或滥用。如果刑法禁止自杀,这对教会来说也不是合理的理由,此外还是一个荒唐无比的做法,什么样的惩罚能阻止一个人寻死呢?如果要惩罚的是自杀的企图,那么所惩罚的也无非是这一未遂的企图。

反对自杀的唯一贴切的道德论证是,自杀与最高的道德目标形成对立,因为自杀替代了从这个悲苦世界中得到真正的救赎，它只是一种纯粹表面的举动。但在这样一个错误与基督教教士所称的犯罪之间还有一段漫长的路。

基督教所传达真理的内核在于把悲苦（十字架）视为生命的真正目标。这就是它何以拒绝自杀的理由，自杀与这个目标相对立，而古代的较低级的观点也都赞成，实际上尊崇自杀。然而，反对自杀的论点是禁欲的，因而只从一种伦理立场来看才是合理的，而这大大超过了欧洲任何一位道德哲学家所坚持的立场。如果我们从这一非常高的立场向下看，那就不再有什么站得住脚的谴责自杀的道德理由了。因此，一神教教士表现出来的反对自杀的非凡热情——一种在《圣经》中找不到支持，也没有任何具有贴切理由的热情——背后似乎一定会有某种潜在的理由：这难道不是对说一切都好的人的一种不恰当的恭维吗？如果是，那就是证明这种宗教的强制性乐观主义的另一个例子了。

2

一般认为，当生活恐惧超过了死亡恐惧，人就会结束自己的生命。但是,死亡恐惧却提供了相当的阻力:它们就像哨兵一样把守着世界的出口。如果结束自己生命这种结局是纯属消极的,即生存的突然终止,那么,活着的人也许都已经这样做了。但其中也有积极的因素,即身体的毁坏。这是一种遏制,因为身体是生存意志的表象形式。

然而,与那个哨兵的斗争是一条规律,不像我们从远处看到的那么艰难:理由是精神痛苦与身体痛苦之间的对立。当我们遭受巨大的或慢性的身体痛苦之时,我们无视其他一切困苦:我们所关注的唯有康复。同样,巨大的精神痛苦令我们感觉不到身体痛苦。我们蔑视身体痛苦,实际上,如果身体痛苦压倒了精神痛苦,那将是一种有益的分心,即精神痛苦的一次间歇。正是这一点使自杀容易些:在忍受过度的精神痛苦之人的眼里,与精神痛苦相关的身体痛苦便失去了全部意义。

➢ 论女人*

1

席勒[1]的一首无所不包的诗《贵妇人的尊严》（*Würde der Frauen*），尽管取得了对偶和对比的效果，但在我看来，却未能表达真正应当赞美的女人的品格，也赶不上茹伊[2]的这样几句话：没有女人，

---

* 本文所述体现的是叔本华个人的女性观，有一定的时代和个人局限。为呈现叔本华思想的原貌，故保留。——译者

1. 约翰·克里斯托弗·弗里德里希·冯·席勒（Johann Christoph Friedrich von Schiller，1759—1805年），传统上为德国第二大诗人，但其大多数韵文，包括曾经是著名样板的《女人的尊严》，都是有争议的，如同瓦尔特·司各特的作品。他真正的天才在通俗戏剧领域，其最优秀的戏剧仍在上演。
2. 维克多·茹伊（Victor Jouy，1764—1846年），法国戏剧家。

我们生活的童年将没有安全感,中年将没有快乐可言,老年也不会有安慰。拜伦在《沙达那帕鲁斯》[1]中以更大的感染力表达了同样的意思。

> 人生
> 必定开始于女人的柔胸,
> 她教你说出的第一句话,
> 她擦净你流出的第一滴泪,
> 她聆听你发出的最后一声叹息,
> 当男人从卑贱的照顾中退出,
> 是女人陪伴他们走完最后的安宁。

以上两者才是对女人价值的正确评价。

2

人们只需要看到女人是如何被建构的,便会意识到女人并不是有意为重要的精神工作和繁重的体力劳动而生的。她不是通过活动而是通过痛苦来赎

---

[1] 第一幕第二场。

生命之罪，通过生儿育女和从属于男人并成为乐于耐心服侍男人的伴侣来赎罪。大苦大乐，费力的工作，不是女人该做的：她的生活应该比男人的生活宁静、琐碎和温柔，本质上并不更幸福或更不幸福。

3

女人之所以适合做我们童年时期的保姆和教师，恰恰因为她们本身都是幼稚的、没头脑的和短视的，一句话，她们是大孩子，整个一生都是：总是处于孩子与男人之间的中间阶段，"男人"才是实际的人类。人们只需看着一个与孩子玩耍的女孩，整天跳舞唱歌，然后自问，就世界上的最佳意志而言，若代替这个女孩的是男人，他该怎么做。

4

自然在女孩身上展现了表演理论所说的舞台效果：自然为女孩提供了几年超丰裕的美和魅力，而代价则是整个余生，于是，在这几年里，她如此捕捉男人的想象致使男人迷恋于她，以一种或另一种方式奉养她的余生，这似乎是男人仅靠理性思考不太可能采取的一个步骤。因此，自然赋予女人，正如赋予所有生物用以保证生存的工具和武器，而且恰逢所需之时。在这个过程中，自然是按其惯常经济运作的。正如雌蚁交配之后失去翅膀，因为此后翅膀对于雌蚁就是多余的了，实际上有碍于养育，女人也可能出于同一原因而在生下一两个孩子之后就失去了美貌。

5

一物越是崇高、越是完善，就成熟得越晚、越慢。二十八岁以前推理能力和精神能力均成熟的男人很少见；而女人在十八岁就成熟了。但即便在那时，那也只是某种推理能力：非常有限的一种。女人终生都是孩子，只能看到离她们最近的东西，贴近现在时刻，采纳现实的表象，愿意做琐碎的而非最重要的事情。理性是男人借以生存的能力，不仅像动物一样纯粹为了现在，而且能追溯过去和思考未来，由此而产生预见、忧虑和烦恼，以及经常感到的焦虑。由于推理能力较弱，女人享有较少的关于这些能力的优势和劣势：她是精神短视，她的直观理解力清楚地看到临近的东西，但视域相当狭窄，看不到远处，以至于缺席的、过去的、未来的东西给女人留下的印象要比给男人的印象肤浅得多，这也恰恰是她们有浪费倾向的根源，有时甚至达到疯狂的边缘。女人心里想的是男人挣钱、女人花钱：这在男人的有生之年是可能的，但男人死后，就绝无可能了。男人把学会的钱财料理转手给女人，这更强化了女人花钱的想法。所有这些的不利之处，无论是什么，都产生这样一个好效果，即女人比男人更专注于当下，因此，如果当下持续下去，女人就能更多地享受当下，而这产生出她特有的兴奋，因此她非常适合于娱乐和安慰忧心忡忡的男人，如果需要的话。

遇到困难时求得女人的建议，像古代条顿人那样，绝不是一个坏主意：因为她们看待事物的方式不同于男人，尤其是通过走捷径达到预想目标的倾向，或获取贴近身边之物，这是男人通常忽略掉的，因为它们就在眼皮底下。此外，女人绝对比男人平庸，只看到表面而看不到事物之内的东西，而我们男人，如果激情被唤起，则很容易夸大和沉湎于想象之中。

女人更容易怜悯别人，因此比男人更慈善、多情和不幸；另一方面，就正义、诚实和意识而言，女人比男人低下。由于推理能力低下，女人一般更容易被现时刻所感动，为当下、可见、直接真实的事物所感动，而非为抽象观念、永恒真理、以前的决定或一般被视为遥远的、过去的或仍未到来的事物所动。因此，虽然她们拥有首要的美德，但却缺乏次要的，而这对于获取首要美德是必要的。于是可以说，女性性格的根本缺陷就是**缺乏正义感**。这首先源于她们缺乏理性和反思的能力，继而又由于这样一个事实而强化，即作为弱势性别，她们不得不依赖计谋而非力量：于是就有了她们本能的细心和无法根治的说谎的倾向：正如自然给狮子装备了利爪和牙齿，给大象装备了象牙，给野猪装备了毒牙，给野牛装备了角，给乌贼装备了墨，自然也赋予女人掩饰的能力，作为其攻击和防御的武器，并把以身体力量和理性能力为形式馈赠给男人的力量转化为掩饰的才能。掩饰是女人与生俱来的，既发现于聪明的女性，也常见于愚蠢的女性。对于女人，抓住每一个机会利用它就像动物在被攻击时随时防御一样,每当这时,她感到在某种程度上,她只是在行使自己的权利。不利用掩饰的完全真诚的女人也许是一种不可能,这就是为什么女人能如此容易地识破别人的掩饰,因此,不宜在女人面前掩饰什么。但是,我所说的她们的这一根本缺陷,以及与其相关的一切,导致了虚伪、不忠、背信弃义、忘恩负义等。做伪证的女人往往比男人多得多。是否应该让她们宣誓都是个问题。

6

为了使人类延续,自然选择了年轻、强壮和帅气的男人,以避免种族退化。在这件事情上,自然的意志是坚定的,而其表达就是女人的激情。在古代和在力量上,这条法则先于任何其他法则。男人如此可悲,竟然把权力和利益置于这条法则的道路之上:不管他做什么、说什么,都会在首次严肃对待它时被无情地碾碎。因为女人秘密的、未言的,实际上乃是无意识但却与生俱来的道德观是:"我们有正当理由欺骗那些认为已经获得控制整个人类之权利的人,因为他们极少支持我们个人。人类的性格，因而其福利，通过我们开始的下一代，已经掌握在我们手中，由我们来照管：那就让我们尽心尽责地负起这个责任来吧。"然而，女人绝没有意识到这一至高法则的抽象意义，而只直觉地感觉到这一点，除了在机缘来临时以其自己的方式采取行动外，她们没有别的表达方式。此后，她们通常不被我们所认为的良心烦恼，因为她们在自己内心的最深处清楚地懂得，违背她们对个体的职责，她们就能更好地履行对人类的职责，而人类的权利更是不可比拟地伟大。

由于女人从根本上只为种族的延续而存在，并以此为天职，她们全然投入种族而非个体的事业，在她们心中，种族的事务比个体的事务重要得多。这使得她们的天性和全部活动显得轻浮，一般说来根本不同于男人的天性和活动：这就是为什么已婚夫妇的分歧如此频繁，实际上几乎是正常的情况。

7

男人就本性而言不过相互漠视，而女人则在本性上相互敌视。其理由毫无疑问是同性相斥，这对男人来说并不超越特定行业的范畴，而对女人来说则包括整个性别，因为她们从事的是同一行业。甚至在大街上相遇时，她们也像归尔甫派和吉伯林派那样相互对视，而当两个女人第一次相遇，其限制和矫饰显然要比两个男人相遇时多得多。所以，当两个女人相互问候时，听起来也比两个男人的问候要荒唐得多。此外，一个男人即便在对下属讲话时，也要照惯例保留某种程度的考虑和情面，而当一个贵族女子对比她地位低下的女人（我指的不是奴仆）说话时，那种高傲的鄙视也是令人难以忍受的。其原因也许是，对于女人来说，地位的差别绝对没有像对于男人来说那样稳定，很快就会被改变或废除，因为男人有上百种不同的思虑，而对于女人来说，只有一件事是决定性的，那就是她们成功吸引了哪个男人。也许还有一个原因，由于她们都从事同一个行业，她们相比男人更相互接近，因此尽量强调地位的差别。

8

只有被性欲望蒙蔽的男性，才称发育不良、窄肩宽臀、短腿的性别为美丽的性别：正是这种欲望将其全部的美包裹起来。对于女人来说，比美丽的性别更适合的名称是**无美感的性别**。对音乐、诗歌和造型艺术，她们都没有任何真正的感觉或接受力：如果她们被美所打动，那也纯粹是为了取悦而模仿。这是由于这样一个事实：她们对任何事情都不能产生**纯粹客观的兴趣**，我以为其理由就在于下述。男人努力做一切事情时都**直接**控制事物，无论是理解还是征服。但女人无论何时何地，总是付诸一种**间接**的控制，通过男人来实现，因而男人就是女人直接控制的唯一目标。因此，女人就其本性而言仅视一切为捕捉男人的手段，她们对其他事物的兴趣都仅仅是假装的，不过是迂回，也就是说，相当于媚态和拟态。我们只需观察她们在剧院、歌剧院或音乐会上的表现就可以看出这一点，也即在演出最伟大的杰作的最精彩部分时，她们依然交头接耳，孩子般地毫无兴趣。如果古希腊人真的拒绝让女人进入剧院，那么他们算是做对了：至少你还能够听到舞台上在说什么。你也不能指望女人会做别的什么，即使你想到的最杰出的女性也没有在艺术上取得一项最伟大的、真正创新的成就的，或创造出具有永久价值的作品的：在绘画领域最令人震惊，因为她们只是像我们一样掌握了技巧，忙碌地涂抹，但你找不出一件伟大的画作；其理由恰恰在于她们缺乏全部精神的客观性，而这是绘画所要求的最重要的素质。孤立和片面的例外并不能改变这个事实：女人整体说来始终是彻底的、不可救药的艺术上的门外汉，所以，她们依仗丈夫的地位和头衔，靠着这种极为荒唐的安排，她们鞭策着男人**不光彩**的野心。她们是**第二性**，在每一方面都是低劣的第二性。人们应该对她们的弱点睁一只眼闭一只眼，而给她们荣誉则极其荒谬，甚至在她们眼里这是对男人的贬低。这就是古代人和东方人眼中的女人；他们比我们更准确地认识到女人的位置，而以我们古老的法兰西侠义的、乏味的对女人的尊重，基督教-日耳曼那朵夺冠之花，只能使女人如此粗鲁和傲慢，以至于有时让人想起贝纳勒斯的圣猿，时刻意识到自己的圣洁和不可侵犯性，自以为有任意而为的自由。

西方女人，也即所说的"贵夫人"，把自己摆在了一个错误的位置：因为女人绝不是适于我们尊重的对象，不应比男人还趾高气扬或享受与男人平等的权利。这一错误位置的后果是显而易见的。"贵夫人"这个称谓会招致整个亚洲乃至古希腊罗马的嘲笑,如果他们看到的话。如果人类的这个第二性在欧洲再次被摆在自然的位置,并限制被称作贵夫人的那种非自然性,那就将是件好事。这给欧洲社会、公民和政治生活带来的益处将是不可估量的。欧洲贵夫人是根本就不该存在的一类生物:在那里的不该是傲慢的自大狂,而应该是家庭主妇和受过教育的女人,善于处理家务和温顺的女人。恰恰由于**贵夫人**遍地都是,欧洲女人才地位低下,也就是说,女性的大多数比起东方女人来要不幸得多。

9

在我们这个一夫一妻制的世界上,结婚意味着拥有权利,责任加倍。但是,当法律给予女人与男人平等的权利时,它应该同时也给予她们男性的推理能力。实际情况是,法律给予女人的这些权利和特权越多,超过了她们自然应得的,实际从这些权利和特权中获益的女人就越少,余者则由于这些少数过多的拥有而被剥夺了她们所应有的。由于女人享有的非自然的特权位置是一夫一妻制和伴随这个制度的婚姻法的结果，视女人完全与（她们并不尊重的）男人平等，精明和谨慎的男人往往在做出如此巨大的牺牲之前犹豫不决，以避免进入一个如此不公正的合约，所以，在一夫多妻制的民族中，每一个女人都受到照顾，而在一夫一妻制的民族中，已婚妇女是有限的，依然有大量的妇女未得到支持，她们在上层社会里过着无聊的生活，成为无用的老处女，而在下层社会中，则从事体力上不合适的劳动，或沦为妓女，被剥夺了应有的生活，毫无快乐可言。然而，仅就现行状况而言，她们对于男性的满足而言是必要的，因而构成一个受到认可的阶级，其特殊任务就是保留命运惠顾给女人的美德，找到赡养她们的男人，或是希望能够找到。仅在伦敦就有八万名妓女，如果她们不是一夫一妻制祭坛上的祭品那又是什么呢？这些可怜的女人显然是欧洲贵夫人的对立面，并以其全部的傲慢和矫饰与其构成互补。对于女性**整体**而言，一夫多妻制反倒真是件好事。另一方面，似乎没有任何理由解释一个男人不应由于妻子常年得病，或终生未育，或渐渐变老而娶第二个。

关于一夫多妻制没什么好说的：这是到处都可

遇到的事实，唯一的问题是如何**管控**。有谁是真正的一夫一妻者呢？我们都活在一夫多妻制之中，**至少在某个阶段**，普遍而言则是永久的。由于每个男人都需要多个女人，那么，给他自由就是再公平不过的了，实际上他有义务供养多个女人。这也意味着女人向正确的自然位置，即从属的位置回归，废除贵**夫人**的世界，连同其尊重和敬仰的可笑的要求；这样就只有**女人**，而不再有欧洲目前比比皆是的**不幸福的女人**了。

✈ 论独立思考

1

当最大的图书馆一片混乱,没有小而井然有序的图书馆那么实用时,你可能会积累大量的知识,但对于你却没有少量知识那么有价值,如果你未曾独立思考过的话;因为只有通过把你的所知进行排序,把每一个真理与每一个其他真理相比较,你才能完全占有这些知识,使它们为你所用。你只需思考你所知的,就会知道该学习什么;另一方面,你只能懂你所思考过的东西。

你可以自发地阅读和学习,但你不可能真正地思考:思考的火花必须被点燃,如一股风吹活一团火,并由对于对象的某种兴趣而持续,那可能是一种客观的兴趣,或纯粹是一种主观的兴趣。后者只在影响我们个人的情况下才是可能的,前者只是对依天性思考的头脑而言,对他们来说,思考就像呼吸一样自然,而这种人极为罕见。这就是大多数学者何以几乎不做这种思考的原因。

2

独立思考与阅读对心智的影响之区别大得令人难以置信,所以,使一个人决定思考与使另一个人决定阅读的原始差别就越来越大。强制性阅读给心智强加的思想是心智在阅读时的情绪和指向所陌生的,恰如图章与用以封印的蜡一样。心智完全屈服于一种外在的冲动去思考这个或那个问题,而这既不是它的意愿,也不是它所情愿的。另一方面,独立思考的时候,心智遵循的是自己的意愿,是由其周围环境或某种回忆或其他原因较为严密地决定的:因为可见的环境并不把某一**独特**思想强加给心智,如阅读时那样;环境只提供机会和可供思考的、适于其本性和当下情绪的思想。结果是,**大部分阅**

读剥夺了心智的灵活性，如同把重量持续压在一个弹簧上，而若永远不想拥有自己的思想，最保险的办法就是每次闲下来的时候都拿起一本书。这种做法就是博学使大多数人被抹杀天性而变得越加迟钝和越加愚蠢的原因，它剥夺了他们一切有效的写作，用蒲柏的话说就是：

始终在读，却永不被读。

3

从根本上说，只有我们自己的基本思想才具有真理和生命，因为只有这些才是我们真正彻底理解的东西。我们阅读的其他人的思想是他餐桌上的面包屑，一个陌生客人丢下的旧衣服。

4

阅读纯粹是对独立思考的替代，那意味着让别人指导你的思想。此外，许多书仅仅是为了展示有多少错误的方法，如果你循着它们的足迹你就会迷失很远。你应该仅仅在自己思想枯竭的时候才去阅读,当然,即使对于最聪明的头脑,这也是经常发生的;但是,驱逐自己的思想以便拿起一本书,这是抵制圣灵的一宗罪,就好比抛弃未被禁锢的自然而去观看植物标本或大地上的雕刻。

有时,你会发现在独立思考中缓慢地、苦苦地思索出来的一个真理、一个洞见已经在一本书中写出来了,但是,如果那是你自己思考的结果,其价值就会高出一百倍。因为只有在那时,它才会进入你自己的思想体系,成为其组成部分和活的成员,完美而坚实地与其相一致,与所有其他结果和结论相一致,显示你整个思维方式的色彩和印记,而且是在所需要的时刻到来的,因此将牢固地永久驻足于你的精神之中。这是对歌德这两行诗的完美的应用,实际上是完美的解释:

你从祖先那里继承来的遗产,
若想拥有,首先要战胜自己。

因为独立思考的人只有在他获得了思想之后,才能接触那些思想的权威,并仅仅将其作为对自己思想的肯定，而书本哲学家始于权威，通过收集别人的见解建构自己的思想。此时，他的心智与前者的心智相比较，如同机器人与活生生的真人相比较。

仅靠学习得来的真理只作为一条假肢、一颗假牙、一个蜡制鼻子而固存于我们，充其量是一片移植的皮。但通过独立思考获得的真理则像天生的肢体：只有它才真的属于我们自己。这就是一个思想家与一个学者之间的区别。

5

在阅读中度过一生、从书本中获得知识的人就好比从旅游指南中了解一个国家的人：他们可以传达关于许多事物的信息，但归根结底不拥有相关的、清晰的对于那个国家的彻底了解。另一方面，终生思考的人就好比亲身游历那个国家的人：只有他们才真正熟悉那个国家，拥有与那个国家相关的知识，真的有宾至如归之感。

6

一个独立思考的人与普通的书本哲学家的关系

就好比目击者与历史学家的关系：前者讲的是自己的亲身经历。这就是为什么所有独立思考的人能达成根本的一致：其差异仅仅产生于不同的视角。他们只表达他们所客观理解的东西。相反，书本哲学家只报告这个人说了什么，那个人想了什么，另一个人反对了什么，如此等等。然后，他比较、掂量、批评这些陈述，据此试图弄清所论问题的真相，在这方面，他酷似历史批评家。

7

纯粹经验与阅读一样不过是对思考的替代。纯粹经验主义之于思考就如同吃之于消化和吸收。当经验主义夸口说它通过各种发现而推进了人的认识，那就仿佛嘴夸耀说是它维持了身体的活力。

8

一流心智的典型标志是其全部判断的即时性。它们所生产的一切都是独立思考的结果，在表达的过程中就已经无处不在表白了。真正独立思考的人就像一个君主，他君临万人之上。他的判断，与君主的决策一样，直接产生于他自己的绝对权力。他与君主一样不再接受别人的权威，他不承认他没有亲自确认的任何事物的合理性。

9

在现实的领域里，无论我们觉得它多么公平、幸福和快乐，我们都总是受引力的影响，我们都在不断地克服引力。相反，在思想的领域里，我们都脱离肉体的心智，没有重量，没有需要或忧虑。正因如此，世上没有任何幸福可以与自身处于吉祥时辰的美丽的、硕果累累的心智相媲美。

10

许多思想对于思考的人是有价值的，但在写出来之后只有少数具有吸引读者兴趣的魅力。

11

然而，这没什么区别。只有具有真正价值的思想才在你思考的最初瞬间**对你有所教益**。思想家可分为在思考的最初瞬间让自己获益的人，和为了让别人获益而思考的人。前者是真正的**独立思考者**，这有两个意思：他们是真正的**哲学家**。只有他们是真诚的。他们生存的快乐和幸福都包含在思考之中。后者是**智者**（sohpists）：他们想显得像是思想家，并希望据此而从别人那里获得幸福。这是他们热衷之所在。一个人属于其中哪一种很快就会见于其整个风格和举止。利希滕贝格是前者，赫尔德当然属于后者。[1]

12

当你思考**生存的问题**有多大和多么直接时，这个含混不清的、备受折磨的、转瞬即逝的、梦境般的生存——问题如此之大、如此之直接，以至于你一意识到它，它就遮蔽和掩盖了所有其他问题和目

---

[1]. 格奥尔格·克里斯托夫·利希滕贝格（Georg Christoph Lichtenberg，1742—1799年），警句作家和讽刺作家。约翰·戈特弗里德·冯·赫尔德（Johann Gottfried von Herder，1744—1803年），神学家、哲学家和文学家。

标；当你继而看到人们，几乎毫无例外地，都没有注意到这个问题，实际上是丝毫没有意识到，反倒关心别的而唯独不关心这个问题，只为现实着想，几乎不考虑自己个体的未来，要么是公然拒绝思考这个问题，要么是满足于某种通俗形而上学；我以为，当你考虑到这一点，你就会产生这样一种想法，即人只能在一种非常宽泛的意义上被称作**思考的存在**，而不再对任何无思想或愚蠢的人感到非常诧异，并将认识到，正常人的知性范围比动物要宽得多——动物的整个生存仿佛是持续的现在，丝毫没有意识到过去和未来，而实际上，也不像一般所认为的那样宽得不可估量。

격言

➣ 论哲学和知性

1

我们一切知识和学问的基础是无法解释的。正因如此，一切解释，通过很少或许多中间阶段，都将导向这个结果，正如线锤不论深浅迟早要落入海底。对这种不可解释性的研究将由形而上学来完成。

2

知性服务于意志，这说的是在实际用法中，只存在**个体事物**。知性参与艺术和科学，这说的是它作用时均为自身的缘故，所存在的只有**普遍性**，整个种类、种属、阶级、关于事物的观念。甚至雕刻家在描绘一个个体时,也寻求描绘观念与种属。其理由是,**意志**的直接目标只是个体事物。那是其真正的目标,因为只有它们具有经验的实在。另一方面,概念、阶级、种类也可以成为目标,只是非常间接。普通人之所以感觉不到一般真理,原因就在于此;相反,天才忽视和无视个体的东西:在天才眼里,个体的实际生活就是从事强制性的职业,而那就是繁重的苦工。

3

哲学思考的主要要求是:首先,要有勇气直面任何问题。其次,是对**不言而喻**的东西有清楚的意识,从而将其作为问题来理解。最后,心智,如果真的要进行哲学思考,也必须真的心无旁骛:不要树立特殊的目标或目的,摆脱意志的诱惑,而毫不分心地致力于感官世界和自身意识传递给他的指令。

4

诗人以取自生活、人物和场景的形象呈现想象,使其运动,将其留给读者,以便让这些形象占据读者的思想,直至其精神能力之所及。诗人之所以能吸引能力相差悬殊的人,从傻瓜到圣贤,其原因就在于此。另一方面,**哲学家**呈现的不是生活本身,而是他从生活中抽象出来的完成了的思想,继而要求读者也应该准确地,或尽可能准确地像他本人那样思考。他之所以拥有很少的读者,原因就在于此。因此,诗人可以比作献花的人,而哲学家则是呈现花之精华的人。

5

哲学的一个奇怪的、不相配的定义,尽管康德也这样认为,即它是一种**只包含概念**的科学。一个概念的全部家当也不过是从永恒的知识那里乞求和借来的,而这是一切洞见真正的、取之不竭的源泉。因此,真正的哲学不是从纯粹的抽象概念中抽丝剥茧,而必须建立在观察和经验的基础之上,包括内在和外在的经验。哲学中任何有价值的东西也不是靠实验与概念的综合得出的,如过去所常做的,但尤其是我们这个时代的智者——我说的是费希特和谢林，甚或更为冒犯地说，还有黑格尔，在伦理学领域则是施莱尔马赫。[1] 哲学，犹如艺术和诗歌，必须源于对世界的认知理解：无论头脑多么需要高高在上，都不应该如此冷血，以至于整个人从心到头，自始至终都不参与、不为之所动。哲学不是代数：相反，沃弗纳尔格[2] 曾正确地说："伟大的思想源自心灵。"

6

只凭细致就能使你成为一个称职的怀疑论者，但不能使你成为哲学家。另一方面，怀疑主义在哲学中就好比国会中的对立派；既是有益的又是必要

---

1. 约翰·戈特利布·费希特（Johann Gottlieb Fichte，1762—1814年）、弗里德里希·威廉姆·约瑟夫·谢林（Friedrich Wilhelm Joseph Schelling，1775—1854年）、格奥尔格·威廉·弗里德里希·黑格尔（Georg Wilhelm Friedrich Hegel，1770—1831年），是其所处时代最有影响力的德国哲学家，叔本华常常抨击的目标。弗里德里希·恩斯特·丹尼尔·施莱尔马赫（Friedrich Ernst Daniel Schleiermacher，1768—1834年），神学家。叔本华抨击宗教"理性主义"时，指的就是施莱尔马赫。
2. 吕克·德克拉皮耶尔·沃弗纳尔格（Luc de Clapiers Vauvenargues，1715—1747年），法国意义上的"道德学家"。

的。无论在何处都依赖这样一个事实，即哲学不能产生数学所产生的那种证明。

7

理性的规定是我们给某些命题的名称，对于这些命题，我们无须调查就认为是真实的，我们自己坚定地相信这些命题，以至于不可能认真检验它们，即便我们想要检验，也只是因为我们当时暂时地怀疑。我们完全相信这些命题，因为在开始说话和思考时，我们就不断地讲述它们，因而它们已经深深注入我们心中；思考这些命题的习惯就如同思考习惯本身一样古老，我们已不再将二者分开。

8

人们不厌其烦地责备形而上学，认为与物理科学取得的巨大进步相比，形而上学没有取得多大进步。但是，其他哪一种科学会由于有一个当然的对手，一个公开的迫害者，一个全副盔甲的国王卫士的反对而受到阻碍呢？只要有人期待形而上学委身于教条，它就绝不会使出其全身解数。各种宗教都曾掌握人类的形而上倾向，在最初的岁月里通过强行推行其教条而使这种倾向瘫痪，后来又禁止和限制对这种倾向的自由而无拘无束的表达；致使对人的最重要和最有意义的关怀，对其生存本身的研究受到了间接阻碍，部分是由于上述瘫痪，而使主观上不可能实施，于是，人的最崇高的倾向便被束缚住了。

9

阻挠真理之发现的最有效的手段不是事物所呈现的误导人们犯错误的虚假表象，也并非由于直接缺乏推断力，而是由于先入之见和偏见，它们作为伪先验之见而挡住了真理的道路，像逆风把船吹离岸边，令帆与舵无能为力。

10

每一个**一般**真理与特殊真理的关系，就如同金子之于银子，因为它能转化成无数特殊真理，正如一枚金币能转化成零钱一样。

11

从一个命题出发,可以得知的无非是已经包含其中的内容,也就是说,当它的意义穷尽时,它本身所暗示的内容;但如果把**两个**命题合在一起,作为一个三段论的前提,那就可以得出比两个命题所分别包含的内容更多的东西:正如化合作用构成的身体展示的并非其构成因素的特征。逻辑结论的价值就产生于这个事实。

12

知性之于内在意识世界正如光之于外部物质世界。因为知性与意志相关,因此也与有机体相关,这无非是指客观看待的意志,大体上与光和易燃体以及化合作用中点燃它的氧气相同。光越是纯净,燃烧体的烟就越少,同样,知性越纯洁,其与产生它的意志的分离就越彻底。甚至可以用一个大胆的隐喻来说:生命就是燃烧的过程;知性正是这个过程所产生的光。

13

最简单的毫无偏见的自我观察，与解剖的事实相结合，便导致这样一个结论：知性，就像其客观化——大脑的客观化一样，与它的依附性感觉器官，加在一起也不过是对外部影响的非常热切的接受力，并不构成我们原始的内在存在。因此，知性对于我们并不像动力之于植物，或重量与亲和力之于石头：以这些形式出现的只是**意志**。我们内在的知性正如植物对外部影响的纯粹接受，包括物理和化学行为，以及帮助或阻碍它生长和繁荣的一切，无论是什么。但在我们，这种接受力达到如此的强度以至于本质上显现为整个客观世界，观念的世界。这就是客观化产生的方式。如果你想象下这个世界上没有动物生命，所有这一切就会更加生动。那样的话，世界上就不会有具有认知能力的东西，实际上也就不会有任何客观存在。那么，再想象一下一些植物相继从地面冒出；各种各样的物将开始对它们发生作用，如空气、风、一植物对另一植物的压力、潮湿、阴冷、光、温暖、电，等等。现在再想象这些植物对这些越来越强化的影响的接受：最终它将成为感觉，伴随着把感觉指向其原因的能力，最终成为知觉。正因为如此，世界才得以显现，在空间、时间和因果关系中显现，然而，这依然是外部影响作用于植物之接受力的结果。这种图像表征清楚地说明了外部世界的纯现象存在，并且容易理解：因为的确没有人愿意断言一种仅仅源于外界影响和主动接受力之间的关系的知觉所构成的事物状态，就是被认为作用于植物的所有自然力的真实的客观、内在和原始构成；也就是说，它代表了物自体的世界。这幅图画也因此能让我们理解人的知性领域竟如此狭隘，正如康德在《纯粹理性批判》中所展示的。

14

你要尽快地写下突然产生的有价值的观点，这是不言而喻的：我们有时甚至忘记曾经做过的事，那么忘记曾经想到过的不就更多了吗？然而，思想并不是在**我**们想要的时候到来，而是在**它**们想要的时候才到来的。另一方面，最好不要拷贝我们所接受的来自外部的现成的思想、纯粹学来的东西、无论如何都能在书本中再次看到的东西：因为拷贝某物就等于将其置入忘却之中。你应该严肃而专制般地对待你的记忆,这样它就能学会服从。比如,如果你记不起一行诗或一个词,你不应该去书中寻找,而要连续几星期定期骚扰你的记忆,直到它履行其职责为止。因为你为某事绞尽脑汁的时间越长,你就记得越牢。

15

我们思想的**品质**(其形式价值)来自内部,它们的**取向**,因而也是其物质,则来自外部。因此,在任何特定时刻我们所思考的东西都是两个从根本上不同的因素作用的结果。因此,思考的对象对于心智来说正如琴拨之于竖琴,这就是同样的景观会在不同的头脑中激发出非常不同的思想的原因。

16

正常人的知性是多么微不足道和有限,而人的意识又是多么不透明,这可以通过这样一个事实来判断:尽管人生转瞬即逝,我们生存的不确定性,以及来自方方面面的无数个谜团，并非每一个人都持续不断地对其进行哲学探究，除了罕见的几个例外。其余人都在梦中度过，与动物没有太大差别，其差别最终只是在于他们有为未来几年的生活做准备的能力。如果他们曾经感到过形而上的需要，那也是由于神的关怀和不同宗教的预知。而这，不管是什么，也就足够了。

17

你可能几乎相信，我们的一半思维在无意识中发生。我们通常在没有清楚地思考得出结论的前提下就得出了结论。这已经表明这样一个事实，有时，我们无法预测所发生事件的后果，更不能清楚地估量可能对我们自己的事务的影响，它却能对我们的整个情绪产生准确无误的影响，从快乐到悲伤，或从悲伤到快乐。这只能是无意识沉思的结果。这在下列情况下尤为显著：我已经非常熟悉一种理论或实际问题的事实材料，我不再考虑这个问题了，然而，往往在几天以后，对这个问题的解答会完全自行出现，而解答产生的过程对于我就仿佛加法机一样仍然是个谜。实际发生的就是前述的无意识沉思。我们完全可以提出一个生理学假设：意识思维发生在大脑的表层，而无意识思维发生在大脑的内部。

18

在相当长的一段时间过后，考虑到生活的单调和因此而产生的乏味，我们会发现生活无可忍耐地冗长，如果不是知识和洞见持续长进，对万物的理解越来越清晰。而这部分是经验、部分是我们自己亲身经历的变化的结果，也就是说，在生活的不同阶段，我们的观点在某种程度上仍在继续变化，由此，事物向我们揭示出我们尚未了解的方面。因此，尽管我们的心智正在衰退，但日日新的规则仍然真实如初，给生活以常新的魅力，致使完全相同的东西继续以新的、不同的面相出现。

19

对关于每一个新生事物的每一个新观点采取防御和否定的态度，这是自然而然的，因为对这些事物我们已经有了自己的观点。新观点以敌对的姿态强行进入我们自己以前封闭的信仰体系，打碎了我们通过这个体系获得的精神安宁，要求我们重整旗鼓，宣告以前的努力付诸东流。因此，让我们挽回错误的一个真理可以比作一种药品，吃起来很苦，让人厌恶，但事实上其效果并不发生在吃药的当口，而在之后的某段时间里。

因此，如果我们看到某个人执着于自己的错误，顽固不化，那么对于大多数人来说，情况就更糟了：一旦他们有了一种见解，经验和教益就会在数百年的时间里起而反之，但却是徒劳的。有一些普遍存在的流行和广为认可的错误每天都在趾高气扬地无数遍重复，我已经列出一个单子，愿意的话，其他人也可以接着列下去。

1. 自杀是胆小鬼的行为。
2. 误信别人的人本身也不诚实。
3. 价值和天才由衷地谦虚。
4. 精神病患者极为痛苦。
5. 哲学推理是可以学习的，而哲学不能。（反之为真。）

6. 写一出好悲剧比写一出好喜剧容易。

7. 懂得一些哲学令你远离上帝，而精研哲学令你回归上帝——复述弗朗西斯·培根的话。

8. 知识就是力量。见鬼去吧！一个人可以拥有大量知识，却丝毫没有力量，而另一个人拥有无上权威，却毫无知识。

其中大多数都是鹦鹉学舌，没有予以过多的思考，仅仅因为当人们第一次听说的时候，这些话听起来还很有道理。

20

知性是强度的量度，不是长度的量度。这就是为什么在这方面一个人可以满怀信心地胜过一万人，但一千个傻子也不能胜过一个聪明人。

21

充塞世界的令人悲哀的普通大脑所真正缺乏的是两种紧密相关的能力：构成判断的能力和产生自

己思想的能力。但在某种程度上，这种缺乏对于不缺乏者是难以想象的，因此他很难想象那些缺乏者生存的悲哀。然而，正是这种缺陷一方面说明了胡言乱语的匮乏，这在所有国家都被当作其同时代的文学，而另一方面，这种命运也降临在这些人当中真正的人物头上了。一切真正的思想和艺术在某种程度上都试图让小人物具有大头脑：难怪这种尝试总是没有结果。一个作家要想提供快感就始终要在他的思维方式与读者的思维方式之间达成某种**和谐**，这种和谐越是完美，快感就越强烈。因此，一个伟大的心智只能在另一个伟大的心智那里获得完全彻底的快感。正是由于这同一个原因，糟糕的或平庸的作家才在思考的头脑中激起厌恶和恶心：甚至与大多数人的谈话也产生同样的效果，人们在其每一个步骤中都意识到不足和**不和谐**。

22

植物的生命只是简单的**生存**，因此它们对生活的享受是一种纯粹而绝对主观、懒散的满足。随着**动物**的到来，认识进入视野，但那也仍然是完全局限于服务于自身动机的,也就是动物最直接的动机。动物也仅只满足于简单的生存,而且终生如此,其原因就在于此;它们可以长时间观看而不思考,却又不产生不满足或焦躁感。只有绝对聪明的动物,如狗和猿,才有活动的需要,因而也产生并感到厌倦。它们之所以喜欢玩耍,乐于凝视过往行人,其原因也在于此。在这方面,它们与在窗口凝视我们的人类并无二致,这种人无处不在,但只有当我们意识到他们是在学习的时候,才真的激起我们的愤怒。

只有人才有**知识**——对其他事物的意识,与自我意识相对立的意识——并达到了一定的高度,随着推理能力的出现上升为思想。其结果是,人的生活,除了简单生存,还为上述**知识**所满足,这在某种程度上是外在于自身、存在于其他存在和事物中的第二生存。然而,人的知识大多局限于服务自身的动机,尽管包括那些并非如此直接的动机,总体而言可以称其为"实践知识"。另一方面,除了由好奇心和消遣的需要而产生的东西以外,人类并没有**比较自由的**、无目的的知识;然而,每个人都有这类知识,尽管只是这种程度的知识。与此同时,当动机处于静态时，人的生活在很大程度上也充满了简单的**生存**，对此，大量的闲逛和普遍的社交，包括没有或只有极少谈话的纯粹见面，都是见证。实际上，大多数人——即便不是有意识地——都决心**尽量不加思考地勉强过活**，以此为其行为的最高指导和原则，因为对他们来说，思考是艰难而沉重的负担。因此，他们只考虑他们的生意或行业，那是绝对必要的，此外还有各种消遣所需要的，这就是他们的谈话与消遣一样重要的原因，但二者都必须井然有序，**无须动脑**就可以进行。

只有在知性超越生存所需的时候，知识才或多或少成为其自身的目的。如果知性抛弃自然使命，即通过认知纯粹的事物关系而服务于意志，以便纯客观地忙于某事，那么它会因此而成为一种相当反常的事件。而这恰恰是艺术、诗歌和哲学的缘起，因而也是由原本并非为此目的而生的器官所致。知性从根本上说是勤劳的工厂工人，他的老板，即意志，让他从早到晚不停地劳作。但是，如果这位被强制的奴仆碰巧在业余时间做了他愿意做的工作，自发而毫无目的性的工作，仅仅出于他自己的满足和快乐，那么，这就是真正的艺术作品，如果发展到极致,那就是天才之作。

对知性的这种纯粹客观的利用,存在于一切较高的艺术、诗歌和哲学成就背后,也存在于一切普遍的纯科学成就背后,存在于纯粹的科学研究和学习之中,同样存在于对任何主题的自由反思之中(也即不涉及个人利益的反思)。实际上,激发纯粹谈话的也是同一知性,倘若纯粹谈话的主题也是纯客观的,即与利益毫无关系,因而也与参与谈话的意志毫无关系。知性的每一种纯客观运用之于其主观运用,也即与个人利益相关的运用,不管多么间接,都与舞蹈之于走路构成比较:与舞蹈一样,纯客观知性是对过剩能量的无目的性消耗。另一方面,知性的主观运用当然也是自然而然的,因为知性仅仅是为了服务于意志而发生的。它所涉及的不纯粹是工作和个人动机,而在所有谈话中也涉及一般的个人和物质性事务,如吃喝等愉悦,涉及与维持生存相关的一切,以及每一种功利性的关怀。毫无疑问,大多数人都无法以其他方式运用知性,因为对他们来说,知性不过是服务于意志的一种工具,完全为这种服务所消耗,而没有任何剩余。正是这一点使他们如此乏味,如此粗暴地迫切,并且无法进行客观的谈话；正如他们脸上写明的，他们缺乏将知性与意志相结合的纽带。心胸狭窄的印象常常以这种令人沮丧的方式显示出来，实际上，这仅仅是他们自己整体知识储备狭隘有限、无法处理他们自己意志以外的事物的表露。由此可以看到，某一特定意志所要求的知性恰好与其目的等量，仅此而已。因此才有其庸俗的外表，才导致这样的事实，即其知性在意志停止推动的瞬间即刻沉寂。他们对事物，无论是什么，都没有**客观**的兴趣。他们的注意力，自不必说其心智，都被与他们自身有关，或者至少能有关的事物所吸引。他们甚至没有明显为机智或幽默所动；他们反倒痛恨哪怕要求一点点思考的一切事物。粗俗的插科打诨至多令他们大笑，且不论他们是真正的粗人——而这一切都因为他们只注重**主观**利益。恰恰是这一点使得扑克牌成为最适合他们的消遣——赌钱的扑克牌，因为这不在纯粹知识的范畴，如舞台戏、音乐、谈话等，而令**意志**本身行动起来，后者是无处不有的原始因素。其他人自始至终都是商人，生来就是苦力。他们的全部快乐都是感官的，而没有任何其他快乐。与他们谈论生意，但不要谈任何别的话题。与他们交往就是贬低自己。另一方面，两个能够纯**客观**地使用知性的人之间的谈话是智力能量的自由运用，尽管话题从不是如此无关紧要以至于不过是玩笑。这种谈话实际上就好比两个或更多人一起跳舞，像是肩并肩或一前一后地朝某地进发。

这种趋向于自由因而也是对知性的非正常利用，连同其适应范畴，在**天才**那里使知识成为主导，即整个生活的**目的**；另一方面，他自己的生存则成为辅助，一种纯**工具**；于是，正常的关系被彻底颠倒了。因此，天才总起来说依据知识和对知识的理解而更多地生活在别人的世界里，而非在自身之中。对其认知能力的完全非正常的强化使他没有可能用纯粹的**生存**及其目标填充他的时间：他的心智需要不断而积极地忙于思考。他因此缺乏普通人穿越广阔的日常生活场景的那种镇定，以及对日常生活的投入。对于适于正常精神能力的普通生活实践来说，天才是一种病态的才能，与每一种非正常一样，是一种障碍。因为知性能力的强化，天才对外部世界的直觉理解获得了如此高的客观清晰度，提供了远远超过意志所需要的能量，以致这种丰裕全然成了对意志的障碍。仅就他们思考特定现象本身，并出于自身的缘故减损这种思考与个人意志之间的各种关联，便干扰和阻碍了对这些关联的清晰理解。就服务于意志这一点而言，对事物的一种完全表面的沉思就足够了，这种思考只涉及我们的各种目标，以及与这些目标相关的一切，因此所包含的也不过是关系而已，而对其他一切则报以最大可能的无视：对事物自然状态的客观和透彻的理解削弱了这种知识，将其抛入无序之中。

23

天才与智力正常的人之间的区别，毫无疑问，只是量的区别，仅仅是程度的区别。然而，人们还是禁不住将其视为质的区别，考虑到正常人（尽管个体千变万化）都顺着某些普通路线思考，所以，他们常常对实际上虚假的判断表示完全一致的意见。他们走得如此之远，以至于某些基本观点贯穿所有时代，得以继续重复，而每个时代的伟大贤哲则或公开或隐秘地反对这些观点。

24

在天才的头脑中，**作为观念的世界**已经达到较高的清晰度，较为独特地呈现出来。由于最有价值、最深邃的洞见不是源于对分离和孤立事物的勤奋的观察，而来自对整体的理解的深度，因此，人类期待他能给予最深邃的教导。天才也因而被定义为对事物，因而也是对事物的对立面，即人自身的格外清晰的意识。人类希望从这样一个天才那里获得对事物的揭示以及关于自身本性的揭示。

25

如果你想要获得自己时代的欣赏，你就必须与时俱进。但是，如果你这样做了，你又难能做出伟大的事业。如果你看到了伟大的事物，你就必须对后代言说——那时，毫无疑问，你或许仍不为同时代人所知；你将是被迫在荒岛上度过一生的人，挣扎着竖起一座纪念碑，这样未来的航海者才能知道你曾经存在过。

26

才能挣得金钱和荣誉，另一方面，使得**天才**得以产生的动机却不容易定义。不是金钱，因为天才极少得到金钱。荣誉太不确定，而仔细想来，也太无价值。严格说来，天才也不为自身的快感，因为其巨大的付出几乎超出了快感。天才本质上是一种独特本能，天才不得不表达他在持续工作中的所见所感，而没有意识到任何进一步的动机。总起来说，天才的发生就像树结出果实一样必然，只要求世界提供个人得以繁荣的土壤。细思之，那就仿佛这种人的生存意志，作为人类全体之精神，已经通过罕见的偶然而短暂地意识到更加清晰的知性，现在竭尽努力去获得某种结果，为整个人类而获得这个清晰的思想和远见的结果，这实际上也是这个个体的内在存在，唯此，其思想和远见之光才能驱散普通人类意识的黑暗和愚昧。正是从这里产生了那种本能，迫使天才孤独地劳作，不计任何报酬、不图任何掌声或同情地完成他的工作，甚至无视自己的幸福，更多地为后代而非为当代着想，因为当代只能让天才迷路。天才要将自己的作品作为神圣的信托、生存的真正果实、人类的财产,留给能够理解他的后代:这对天才来说是最重要的目标,他戴着荆棘皇冠,总有一天会开花而成为桂冠。他完成工作、保护其成果的努力,就像昆虫守护虫卵、哺育它从不会活着看到的幼虫那样坚定,它将虫卵安置在某个地方,它知道总有一天它们会生长,找到营养,并满意地死去。

➻ **论美学**

1

论美之形而上学的内在问题可以简述为：我们何以能从与我们欲望毫不相关的对象中获得快感？

我们都感到对一物的快感只能产生于它与我们意志的关系，或用人们爱用的说法，与目标的关系，因此，与对意志之刺激相割裂的快感似乎是一个矛盾。然而，非常明显的是，这样的美在与我们的个人目标也即与我们的意志没有任何关联的情况下就能激发我们内心的快感。

我就这个问题得出的结论是，我们总能在美中感知有生命和无生命自然的内在和原始形式，也就是柏拉图所说的**理式**，这种感知规定了其本质相关性的存在，即**无意志的认识主体**，也即无目标无意图的纯智力。通过这种智力，当一种审美感知发生时，意志就完全从意识中消失了。但是，意志是我们全部烦恼和痛苦之唯一来源。这就是伴随着美的感知的快感的缘起。它因此取决于一切可能的痛苦的废除。如果有人反对说，快感的可能也要废除，应该记住，如我常常指出的，幸福、满足具有**消极**性，也即纯粹痛感的停止，而另一方面，痛苦则具有积极性。因此，当所有欲望从意识中消失，也就是说，当所有的痛苦缺席，快感的条件依然存在，甚至在痛苦之可能性缺席的情况下，个体从一个意愿的主体变成了纯认识的主体，却依然作为认识主体而继续意识到自我和自己的行动。如我们所知，作为意志的世界是首要的（ordine prior），而作为观念的世界是次要的（ordine posterior）。前者是欲望的世界，因此是痛苦和千倍悲苦的世界。后者本身没有内在痛苦。此外，它含有一个壮观的场面，全部具有意义，或至少都是愉悦的。对这一景观的享受构成了审美快感。

2

然而，如果个体意志暂且释放想象的关联力量，破例将其从它赖以被制造和生存的服务中解放出来，使其抛弃意志的倾向或作为唯一自然主旨的个体，进而抛弃其正常的职业，却不停止其能动活动，或将其感知力发挥到极致，那么，它就将马上成为完全**客观的**，也即成为对象的忠实镜像，或更为准确地说，成为意志在此物或彼物上显现的客观化，其内在本质将通过这种客观化展现出来，感知时间越长，展现得就越彻底，直到它完全枯竭。只有这样，在纯主体身上才会产生纯客体，即意志在感知的对象上彻底展现，也就是纯粹的（柏拉图式）意志的**理式**。然而，对这理式的感知，在沉思某一对象时，要求我确实抽象出其在时间和空间中的位置，并因而抽象出其个性。正是这个**位置**，总是由因果规律所决定的位置，把这个对象置于与作为个体的我之间的任何关系之中；只有在这时，这个位置才摆脱意志，对象成为**理式**，而**我**则成为一个纯粹的认识主体。一幅画之所以通过永久地把某一瞬间固定下来从而将其从时间中解放出来，所呈现的不是个体而是**理式**，而是所有变化中不变的因素，其原因就在于此。但是，主体和客体中这种假定的变化所要求的不仅是从原始奴役中释放出来的认识能力，它还应该充分发挥其主动性，尽管对其能动性的自然刺激，对意志的激发，此时已经缺席了。这就是困难之所在，而其之所以罕见，原因也在于此，因为我们的一切思想和努力，我们听到和见到的一切，在本性上都直接或间接地服务于我们无数的个人目的，无论大小，因此正是**意志激发认识能力**履行其各种功能，没有这种激发，认识能力即刻削弱。此外，由此刺激而激活的知识完全满足实际生活之所需，包括不同科学领域，因为它们指向事物之间的**关系**，而非其内在存在。无论在哪里，因果或任何种类的原因与后果的认识问题，也即在自然科学和数学的所有分支中，在历史或各种发明中，所获得的知识一定是**意志的目标**，它越是热烈地追求，就能越快地获得。同样，在国务、战争、财政、生意以及每一种阴谋中，**意志必须首先通过其热烈的欲望**，迫使知性使出全身解数，追踪所论问题的所有前因后果。实际上，在这种情况下，意志对特定知性的刺激超越其正常能量的程度是惊人的。

对事物客观的内在存在的感知就大不相同了，这种客观的内在存在构成了（柏拉图式的）**理式**，是美术中每一成就的基础。在前一种情况下，意志促进所付出的努力，实际上是这努力所不可或缺，但在此却没有任何参与的余地，因为在此只有知性以自己的方式独自完成，并作为自愿的礼物来呈现的，才是有用的。因为只有在**纯粹认知**的情况下，在意志及其目标完全脱离人，并完全脱离人的个性的情况下，纯客观感知才能发生，其中物的（柏拉图式的）**理式**才得以理解。但这种感知总是先于概念，也就是说，最初直觉性的认识后来构成了内在物质和内核，它是艺术真品和诗歌的灵魂，实际上也是真正哲学的灵魂。总是能在**天才**的作品中得以言说的、未经沉思的、无意图的、实际上部分无意识和直觉的因素，其根源恰恰在于这样一个事实，即原初的艺术认识是无意志的，完全脱离并独立于意志。

3

至于这种审美感知的**客观**方面，也就是（柏拉图式的）**理式**，可以描述为：如果时间，即我们认识的形式和主观条件被撤离，如同把玻璃透镜从万花筒中取走，这时它就是我们眼前之所见。我们看到花蕾、花朵和果实的发展过程，为其从不疲倦地一遍又一遍地生产这个序列而感到惊诧。而我们将不会感到惊诧，如果我们知道，尽管有所有这些变化发展，我们眼前只有关于植物的一个不变的**理式**，我们无论怎样都无法将其感知为花蕾、花朵和果实的统一体，而是不得不在时间的形式下加以理解，理式则透过时间向我们的知性展示为这连续的状态。

4

如果你想一想诗歌和造型艺术以**个体**为主题，最准确地呈现其一切特征，乃至最不重要的细节，然后你再看以**概念**为手段的科学，其中每一个概念都代表无数个个体，一次性地定义和指称独特的种属，如果你考虑到这一点，艺术实践在你看来就似乎是微不足道的、渺小的，几乎是幼稚的。然而，艺术的本质就在于，在艺术中，一个单一的案例代表数千个，艺术中对个体细致独特的描述是对其所属种属之**理式**的揭示，这样，源自人生的一个事件、一个场景都得到准确而完整的描画,也就是对参与其中的个体的准确描画,它将导向从某一面相感知的关于人类自身之理式的清晰而深邃的认识。植物学家从无限丰富的植物世界撷取一朵花,并进行分析,为的是展示植物的普遍本质,诗人从无限的、永不终止的、混乱的人类活动中选择一个单一场景,实际上有时不过是某一种情绪或感觉,为的是向我们展示人的生活和本性。因此,我们看到最伟大的人物——莎士比亚和歌德,拉斐尔和伦勃朗——不惜屈尊描画单个的人,甚至不是名人,最准确、最真诚地把他们清晰地呈现在我们眼前,从整体的独特性到最微妙的细节。因为特殊性和个体性只有在可见的情况下才能理解,我之所以把诗歌定义为通过词语令想象行动起来的艺术,原因就在于此。

5

一件造型艺术品并不像现实那样唯只一次向我们展示存在,再不复来,也就是说,这个特定素材与这个特定形式的结合构成了具体的个体。它只向我们展示*形式*,如果它得以完全地呈现,方方面面无一遗漏，那就将是**理式**本身。因此，图像直接把我们从个体带向纯形式。形式与素材的分离已经向**理式**迈出了一大步。但是，每一个形象，无论是绘画还是雕塑，都构成这样一种分离。恰恰由于审美艺术品的目标就是要把我们带入对（柏拉图式）**理式**的认识，它才以这种分离为标志，即形式与素材的分离。艺术品只呈现形式，而不展示素材，而且毫不隐晦，**此乃其内在本质**。蜡像之所以不造成任何美的印象，因而不被视为（美学意义上的）艺术品，原因就在于此，尽管做工精美的蜡像比最好的图画和雕像更能产生关于现实的幻觉，而如果对现实世界的模仿就是艺术的目标，那么蜡像就该排在艺术之首。因为它们似乎并不仅仅展示纯形式，也有素材，所以它们令人产生幻觉，仿佛站在那里的就是物自体。真正的艺术品把我们从只存在一次而永不复来的东西，即个体，带往永久存在并以无数次显示重复的东西，即纯形式或**理式**，但蜡像展示的似乎是个体，也就是只存在一次而永不复来的东西，而没有赋予转瞬即逝的生存以价值，即没有生命。蜡像之所以激发恐惧感，原因就在于此：它产生僵尸的效果。

6

我们年轻时留下的印象如此重要，在生命的黎明时分，一切在我们眼里都是那么理想而熠熠生辉，其原因就在于，我们首次通过个体与那个种属接触，它对我们仍然是新的，所以每一个个体事物都作为子种属的代表而存在：我们从那里捕捉到这个种属的（柏拉图式的）*理式*，而那本质上构成了美。

7

人体的美和优雅相结合乃是在客观化的最高阶段最清晰可见的意志，而这就是它们何以是造型艺术之最高成就的原因。另一方面，每一个物质的东西都是美的，因此，每一个动物也都是美的。如果某些动物对于我们来说不是一目了然，那是因为我们不能纯粹客观地看待它们，因此不能理解它们的*理式*，而是受到某种不可逾越的联想，往往是某种明晃晃的相似性的结果，也就是人与猿的相似性，因此，非但未能捕捉到动物的*理式*，我们仅仅看见了人的漫画。蟾蜍与泥土之间的相似性似乎产生了同样的效果，尽管这不足以说明无限的反感，甚至恐惧和惶恐，令一些人不愿看到这种动物，正如某些人不愿意看到蜘蛛一样。这似乎源自更深刻的，形而上的，神秘的联想。

8

无生物的自然，如果它不包含水，以没有任何有机体的面貌出现时，给我们留下一种非常忧郁、实则压抑的印象。一个例子是从土伦到马赛的漫长山谷中一段没有植物的乱石区。但非洲沙漠却提供了一个特别宏伟、给人深刻印象的例子。这种无生物印象给我们留下的悲伤首先产生于这样一个事实，无生物的集结完全服从于引力法则，因此引力的方向决定一切。另一方面，我们从植物的景观中获得某种程度的直观快感，但自然越丰富、越多样、越广阔，快感就越强烈，这意味着快感取决于植物本身。其直接原因是这样一个事实，在植物中，引力法则似乎被克服，因为植物世界恰恰在这条法则所指向的相反方向提升自己，因此直接宣告生命现象乃是一种新的、更高的事物秩序。我们自身也是这个秩序的组成部分：它就在与我们相关的自然中，是我们生存的因子。因此，看到植物世界时，最令我们快乐的是这个垂直向上的方向，一大片树木中矗立着几棵笔直的冷杉。另一方面，被锯倒的树不再感动我们，实际上，倾斜着的树也不能产生笔直的树的效果；垂柳下垂的树枝正由于服从于引力法则而得名。水的无机性产生的忧郁效果由其流动和光合作用而大部分消解了，流动产生生命的印象。此外，水是我们生存的根本条件。

9

试图靠缪斯的慷慨过活的人，我指的是他的诗才，在我看来颇像靠美貌过活的姑娘。二者都为蝇头小利亵渎本该属于其内在存在的自由才能。二者都容易精疲力竭，通常还落得个羞愧的结局。所以不要把你的缪斯贬降为妓女。

10

音乐是到处都被理解的真正的普遍语言，所以各个国家各个世纪的人们都以炽烈的热情不停地言说它,并使含义丰富、意味深长的重要旋律遍及全球,而意义贫乏、言之无物的旋律则即刻消亡:这表明旋律的内容是容易理解的。然而,音乐言说的不是事物,而是纯粹的幸运与不幸,这对**意志**来说才是唯一的现实。音乐之所以对心言说,而对于头脑则无物**直接**言说,原因就在于此,要求音乐面对头脑就是滥用音乐,如在所有**图像**音乐中一样,因此这种音乐仅仅是一次性客观的,即便海顿和贝多芬曾误入歧途创作图像音乐。但就我所知,莫扎特和罗西尼却从未涉足。因为表达情绪是一回事,而描绘事物则是另一回事。

11

大歌剧其实不是真正的艺术品,而是一种有些野蛮的观念的产物,即认为通过手段的堆积,同时生产非常不同的印象,并通过扩大规模和各方力量,才能增强审美效果;殊不知作为最强大的艺术形式,音乐本身能完全捕获心智,实际上,其最高成果,如果被正确地理解和欣赏,则要求整个心智完全投入其中，这样就能服从于它们，沉浸于它们，以便理解其难以置信地亲密的语言。反过来，当聆听一首高度复杂的歌剧音乐时，最缤纷的场景、最新颖的图画和最生动的光色印象，通过眼睛入侵了心智，同时，心智也充满了剧本情节。它由于所有这一切而偏离和混淆，转移了注意力，因此几乎无法接受神圣的、神秘的、亲密的音乐语言，于是，使所有这些伴随因素都直接与所要达到的音乐目标对立起来。

严格说来，我们可以称歌剧是为有益于非音乐心智的人发明的一种非音乐，因为音乐最初是通过一种为音乐所陌生的媒介走私进来的，比如作为对冗长乏味的爱情故事与毫无实质内容的诗歌的伴奏：一首充满实质内容的思想严谨的诗是不能作为歌剧剧本的，因为歌剧的曲子配不上这样一首诗。

弥撒曲和交响乐就提供了一种未被干扰的、完全音乐的快乐，而在歌剧中，音乐痛苦地参与枯燥的剧情和伪诗，而且要尽可能承载强加于它的外来负担。伟大的罗西尼有时嘲弄般地处理剧本，虽然严格说来不值得夸赞，但无论如何那是真正的音乐。

然而，一般说来，大歌剧以其三个小时的长度愈加窒息了我们对音乐的接受性，同时通过只表演陈腐情节的极小舞台而考验我们的耐心，这从本质上说本身就令人厌烦，只有通过个体连续的杰出成就才能克服失败：在这一体裁中，之所以只有杰作才可欣赏，而普通之作都无法忍受，其原因就在于此。

12

戏剧一般是人类生存的最完美反映，有三种理解模式。在最初和最常见的阶段，戏剧依然表演纯粹有趣的东西：我们加入人物之中，因为他们在实现自身的设计，那与我们自己的设计相似。情节借助阴谋、人物本性和机缘展开。机智和幽默为整个舞台添加作料。在第二阶段，戏剧变得伤感了。先是唤起主人公的怜悯，再通过他唤起我们的怜悯。情节以共鸣为标志，但结局则意在和平与满足。在最高级和最艰难的阶段，**悲剧**成为目标：令人悲伤的痛苦。呈现在我们面前的是生存苦难，最终结局是人类一切生存努力的徒劳。我们深受感动，唤起了意志从生活转移的一种感觉，或者是直接的转移，或者作为同时鸣响着的和谐。

13

万事开头难,流行格言如是说。但在戏剧理论中,实则相反:最后一步是最难的。无数剧作证明了这一点:戏剧的前半部分一切都好,接着开始混乱、停止、摇摆,尤其是在臭名昭著的第四幕,最后是强制性的或令人不满的结局,或每个人都预见得到的结局。有时,如在《爱米丽雅·迦洛蒂》中,结局甚至令人作呕,观众完全陷入一种糟糕的情绪之中。结局之所以难,部分由于这样一个事实,即混淆事物比重新捋顺要容易得多,但也部分源于另一个事实,即在戏剧开始时,我们给戏剧家完全的自由,而在结局,我们对他提出某些明确的要求。我们要求结局应该完全是幸福的,或是完全是悲惨的,但实际上很难使人类事务朝如此明确的目标发展。于是,我们要求这个结局要自然、公平,以一种强制的方式展开,但同时又不是观众所预见得到的。

小说所描写的生活越多*内在*、越少*外在*,就越高级和崇高。这种关系将作为标志性符号伴随小说的每一阶段,从《项狄传》直到最粗糙、情节最令人激动的罗曼司。当然,《项狄传》的优点在于其没有什么情节；但是，《新爱洛漪丝》和《威廉·麦斯特》的情节不是更少嘛！甚至《堂吉诃德》也相对甚少，所表现的都是琐事，相当于一系列玩笑。而这四部小说则是小说之冠。细究让·保罗的卓著就会看到如何在最狭窄的外在基础上把内在生活赋予行动。甚至瓦尔特·司各特的小说中，内在生活也重于外在，而后者只是为了把前者付诸行动才出现的。在糟糕的小说中，外部行动为自身的缘故而存在。艺术的目的就在于把内在生活付诸最疯狂的行动，却极少以外在生活为代价。小说家的任务不是叙述大事件，而是赋予平凡小事以意义。

论书与写作

1

作家可以分成流星、行星和恒星。第一种创造瞬间效果：你凝望着，大喊"看哪！"，然后它就永远消失了。第二种是运动着的行星，存留的时间较长。行星比恒星离我们更近，所以更加明亮，无知者便把它们误认为恒星。但是他们不久也会腾出位置，此外，他们是借光闪耀，其影响范围只局限于其同行者（同代人）。只有第三种是不变的，矗立于苍穹，闪耀着自己的光，给所有时代以等量的影响，又由于没有视差，所以他们的面相不会随我们视点的变化而变化。与其他种类不同，他们不仅仅属于一个系统（民族），他们属于整个宇宙。但恰恰是因为他们如此高远，其光才经过如此漫长的光年进入地球居住者的视线。

2

最重要的有两种作家：一种为了说事而写，另一种为写而写。前者有观点或经验，他们认为值得分享；后者需要钱，他们为钱而写。他们为写作的目的而思考。你可以通过这样一个事实来识别：他们绞尽脑汁编造观点，半真半假、模糊不清、牵强附会和左右摇摆，他们通常喜欢黄昏以便掩盖真相，其作品之所以缺乏确定性和清晰度，原因就在于此。你很快就会看到，他们仅仅是为了版面而写作，一旦看到这一点，你就会把书扔掉，因为时间宝贵。稿酬和版权说到底是对文学的毁灭。只有完全为说事而写的作家才能写出有价值的东西。这就仿佛金钱的诅咒：每一个作家只要开始为利益写作就不会有好作品。最伟大作家的最伟大作品都属于不为任何利益或为极小回报而写的时代。这里，西班牙的那句谚语再度派上用场：荣誉和金钱并不出现在同一个袋子里。

大量糟糕的作家完全靠大众不读书的愚蠢欲望而活着（即大众只读刚刚印刷出来的东西）：这种作家就是记者。真是名副其实啊！英语中有一个词day-labourers，意思是"日工"。

3

那么就可以说有三种作者。首先，写而不思的作者。他们写自记忆、回忆，甚至直接抄写别人的书。这个等级的作者人数最多。其次，边写边思的作者。他们思考是为了写作。这非常普遍。最后，动笔之前已有思想的作者。他们写作仅仅由于有思想。这极为罕见。

甚至在极少数动笔之前认真思考的作家当中，也极少有思考**主题本身**的。余者都只思考**书**，即别人对此主题有何说法。也就是说，他们如若思考，也必须有别人观点的近距离和有力的刺激。于是这些观点就成为他们的直接主题，他们因而也就常常接受这些观点的影响，因而永远不会有真正的创新。另一方面，上述少数人受到某种激发而思考主题本身，其思考也会直接指向主题。只有在这些人当中才能发现不朽的作家。

只有径直写作自己思想的作家才值得阅读。

4

一本书绝不仅仅是作者思想的复制。这些思想的价值既在于其**物质性**，即所思考的物，也在于其**形式**，即处理素材的方式，借以思考主题的形式。

这种**借以思考的东西**是多重的，正如它赋予作品的好处一样多。所有经验素材，即所有在其本身及最广泛意义上历史地或物质地实存的东西，都属于这里所谈论的。其标志性特征在于**对象**，于是，无论作者是谁，书都是重要的。

另一方面，就内容而言，其标志性也正在于**主题**。所论话题可以是所有人都熟悉和接触得到的，但在这里，这些内容得以被理解的形式、思想的内容才是有价值的，它们就在主题之中。因此，如果一本书是可敬而独一无二的，其作者亦然。由此推知，值得读的作家越是少亏欠于素材，其作品的价值就越大，哪怕这种素材是人们较为熟悉的和广为利用的。众所周知，三位希腊大悲剧家用的都是同一素材。

因此，当一部书成名时，你应该坚决区别它是在讨论素材，还是在讨论形式。

大众更感兴趣于素材，而非形式。在诗歌作品中，大众以最可笑的形态表现出这种倾向，不辞辛苦地追溯触发该书写作的真实事件或个人状况，而这变得比作品本身更有意义了，于是，所论更多的是歌德**其人**，而不是歌德**其作**，更刻苦研究的是浮士德的传奇而不是《浮士德》。正如伯格[1]所说："他们会对丽诺尔是谁做学术式的研究。"我们已经在歌德身上看到了这种情况。轻形式偏素材的这种选择似乎让人忽视一只美丽的伊特鲁里亚花瓶的形式和绘画，而只为对颜料和泥进行化学分析。

5

一个思想的实际生命只持续到它被言说的时刻：言说时思想石化了，此后即死了，但却变得坚不可

---

[1] 戈特弗里德·奥古斯特·伯格（Gottfried August Bürger，1747—1794年），诗人。其歌谣《丽诺尔》（1773年）是最著名德国诗歌之一。

摧，如史前时代的动植物化石。我们的思想一旦找到了词语，便不是真诚的或根本上认真的了。当它开始为别人而存在时，它就不再活在我们心中了，正如孩子进入自己的生活之时，就离开了母亲的身体。

6

生产坏书和无益之书的浪潮越涨越高，这是由我们时代无原则的胡涂乱写所致，**文学期刊**应该是阻挡这股潮流的堤坝。以其清廉、明智和判断的严肃性，它们应该毫不留情地鞭挞无能之人的拼贴之作，那些空洞脑袋企图借以填充空洞口袋的空洞书页，所有书中有十分之九属于此类。期刊的职责本该是抵制这种微屑和欺骗，而事实上，它们反倒推崇这些东西，以其下贱的容忍与作者和出版商联手，剥夺大众的时间和金钱。它们的作者一般都是教授或文人，由于低工资或低收入，他们都为钱而写。由于出于同一目的，他们的兴趣也相同；他们聚集在一起，相互支持，相互吹捧。这就是一切对坏书之好评的根源，而这也构成了文学期刊的内容。他们的座右铭应该是：活，且让人活！

匿名，每一种文学无赖主义的盾牌，必须消失。其进入文学期刊的托词是，匿名保护诚实的批评家不受愤怒的作者及其雇主的攻击。但在上百个案例中，每一个这样的案例都仅仅允许评论者百分之百地不负责任，他们无力为其所写辩护，甚至为贪赃枉法和卑鄙下流的作者遮羞，以向大众推荐书籍，并从出版商那里获得蝇头小利。匿名常常只用来遮掩评论者的无名、无能和无足轻重。这些家伙的厚颜无耻令人难以置信，而一旦他们得知在匿名的荫庇下安然无事时，他们的文学无赖主义便更肆无忌惮。

卢梭在《新爱洛漪丝》的前言中已经说过，"每一个诚实的人都实名写作"，普遍承认的命题都可以通过换位而被颠倒。这多么适用于论战式写作啊！而评论通常就是论战。

7

风格是心智的面相。它不如身体的面相那样具有欺骗性。模仿别人的风格就等于戴一个面具，不管多么漂亮，那都可能是无生命的，很快就显得枯燥乏味和不可忍受，所以还是选择丑陋而有生气的面孔吧。

风格矫饰就好比做鬼脸。

8

要对作家的价值做出临时评价，没有必要知道他思考了**什么**，**根据什么**进行的思考，因为那就等于说已经阅读了他所写的一切。首先知道他是**如何**思考的就足够了。对他的这种**如何**思考的准确印象，其根本性质和流行的**品质**，都是由风格提供的。这揭示了一个人全部思想的**形式**本质，而且应该是始终如一的，不管他思考的是**什么**或**根据什么**进行思考。这就好比他用来粘贴人像的糨糊，不管有多么不同。如奥伊伦施皮格尔，当有人问到下一座城市还有多远时，他的回答对提问的人来说毫无意义："只管走吧！"从他走路的速度来判断，他将在某个特定时间到达，于是，他读了一个作者的几页书后，就或多或少知道了能获益多少。

第一条规律，实际上它本身就是优秀风格的充足条件，就是**有事要说**。

普通人写作的迟钝和乏味可能是由于这样一个事实：他们只在半意识状态下说话，也就是说，不完全理解所用词语的意义，因为这些词语是他们学来的、所接受的完整的最终意义，因此，他们组合在一起的只是整个短语（陈词滥调）而非个别单词。这就是标志其写作特点的明显缺乏独特观点的原因所在，因为他们没有为其观点冠以独有特征，那就是个人的清晰思考。取而代之的，我们遇到的是模糊不清的词语旋涡，包括流行短语、陈腐的表达，以及时髦的语言风格。因此，其模糊的产品也类似于旧版的印刷。

就上述写作的乏味而言，还可以加上一种普遍观察，即有两种乏味：一种是主观的，另一种是客观的。**主观的**乏味总是源于所论问题的不充分，也即源于这样一个事实，作者不清楚所交流的观点或信息。对此清楚的人会直接沟通，因此到处都呈现清晰的、独特的概念，既不冗长，也不模糊，因而也不乏味。即便其主导思想是错的，那也是清晰的、仔细斟酌的思想，也即至少在形式上是正确的，因此他之所写始终具有某种价值。另一方面，客观乏味的作品也由于同一原因而在各个方面都毫无价值。

相反，**主观乏味**只是相对而言，它源于读者对所论主题缺乏兴趣，而这又源于读者的局限性。因此，最令人羡慕的作品对于某个读者而言可以主观上是乏味的；反过来，即使最糟糕的作品对于这个或那个读者而言，也可能是主观上有趣的，因为令读者感兴趣的是主题或作家。

一个**做作**的作家就像为了区别于并且不混同于大众而打扮得与众不同的人，但这却是绅士从不甘冒的一种风险，不管他穿着多么破烂。正如过度讲究或精美会暴露平民的身份，做作的风格也能暴露出平庸的心智。

然而，努力做到写与说完全一致则是一种误导。每一种写作风格都应该保留与优雅文体的某种亲和性，这种优雅文体实际上是一切风格的祖先。这种努力因此也是其反面，即努力使说与写完全一致，曾几何时，这被认为是卖弄学问，难以理解。

表达的晦涩与模糊始终而且到处都是一个非常糟糕的符号，其百分之九十九衍生于思想的含混，而这又源于思想本身原本的不协调和不一致性，因而也源于虚假。如果一个真正的思想产生于头脑，它将即刻追求清晰，而这很快就会达到。清晰思考的东西容易找到适当的表达方式。一个人所拥有的思想总会以清晰、明白、毫不含混的词语自行表达出来。把难懂、模糊、复杂和模棱两可的话语搅拌在一起的人实际上并不知道他们在说什么。他们不过是有某种模糊的意识,而那仅仅是在生成思想的努力过程之中,但他们往往也想隐瞒他们实际上没有思想可言的事实。

真理是公平赤裸的,表达越是清晰,影响就越深广。比如,关于人类生存之虚无的演说完全可以比约伯的演说给人留下更深的印象。约伯说:"人为妇人所生,日子短少,多有患难。出来如花,又被割下。飞去如影,不能存留。"[1] 恰恰由于这个原因,歌德天真的诗歌无可比拟地高于席勒的修辞性诗歌。也正是这一点证明了许多民歌的影响力。一切浮于表面的东西都是有害的。

有文化的男人和女人十分之九以上只读报纸,因此几乎毫无例外地模仿报纸的拼写、语法和风格,乃至报纸的简洁,把进行之中的对语言的谋杀视为表达的简洁、优雅的天资和机智的革新。实际上,

---

1. 《约伯记》第14章,第1—2节。

普遍从事没学问的职业的年轻人都把报纸看作权威，仅仅因为它是印刷出来的。由于这个原因，国家应该极为严肃地采取措施，保证报纸不犯语法错误。要设立审查官，他不领工资，而每查出一个拼写不全或风格上难以接受的词、一处语法或句法错误、一个用错的介词，就得一个金路易，发现每一处对风格和语法的粗鲁嘲弄，就得三个金路易，每次重复发现，金额加倍，而罚金则由犯错误者支付。或者，德国语言是每一个人的游戏吗？如此小事，不值得甚至连粪堆都保护的法律的保护吗？可怜的没有文化修养的人！如果每一个乱写乱画的人和报纸记者都拥有自由决定的权力，并按其无常和愚蠢随心所欲的话，那么，德国语言该是个什么样子？

9

随着文学的衰败和古典语言的被忽视，风格错误越来越常见，但在德国真正不受约束的是**主观性**。这指的是作家，只要他本人理解他所说的意思，那就足够了。读者自己去尽量琢磨吧。由于全然不关心这种困难，作家仿佛沉浸于一种独白，而真正应该发生的则是一场对话,而且在对话中,说话者要表达得更加清楚,要让听者提不出任何问题。正是由于这个原因,风格不应该是主观的,而应该是客观的。一种客观的风格要求词语安排彻底地迫使读者丝毫不差地按作家所思去思考相同的事物。但是,唯一的前提是作者始终记得思想遵循引力法则,思想的旅行是从头脑到纸张,这要比从纸张到头脑容易得多,所以,对后一种旅行来说,他们需要我们所能给予的一切帮助。如果达到了这个目的,即词语以纯粹客观的方式发挥作用,那就像一幅完成的油画。而主观风格几乎不比墙上的一系列斑点更有效,只有想象力碰巧被这些斑点激发的人,才能看到斑点的形态和图画,而对别人来说,它们仅仅是斑点。所论的区别适用于整个交流模式,但也常常见于个别段落之中。比如,我刚刚在一本新书中读到这句话:"我不是为了增加现存书籍的数量而写。"这说的是与作家意图相反的事,而且是废话。

10

不经心写作的人首先没有赋予自己选择的职业

以任何思想价值。写作就是去发现最清晰、最有力、最迷人的表达我们思想的形式,这需要孜孜不倦的耐力,而激发这种耐力的那股热情只能产生于我们对价值和真理的信念,正如我们只会用银制或金制小盒盛装圣物或无价的艺术品一样。

11

少有人像建筑师那样写作,事先制定规划,考虑到最小的细节。大多数人像玩多米诺骨牌那样写作:句子就像骨牌一个一个连接起来,部分是刻意的,部分是偶然的。

12

写作艺术的指导原则应该是,人类一次只能清楚地思考一个问题,所以不应该思考两个,更不必说同时思考两个以上了。但这恰恰是当括号塞入句子当中,句子为了容纳括号而不得不断裂时,他被要求做的,这种做法引起不必要的和恣意的混乱。德国作家在这方面是最糟糕的冒犯者。他们的语言比其他任何活的语言都容易做到这一点，就证明了这个事实，但这并不值得赞扬。任何语言的散文都不如法语读起来那么令人愉悦和顺畅，而这是因为它一般不犯这种错误。法国作家将思想一个接一个地置入最符合逻辑的自然秩序之中，因此按序列置于读者面前，所以读者才能毫不分心地理解它们。德国人则相反，将思想编织入一个缠绕、再缠绕、继续缠绕的句子之中，因为他坚持一次说六件事而不是一件一件地呈现。

德国人真正的民族特性是烦冗，这显见于他们的步态，他们的活动，他们的语言，他们的言说，他们的叙述方式，他们理解和思考的方式，尤其是他们**写作的风格**，他们对冗长、烦琐、缠绕句式的乐趣。在这样的句子中，记忆要承受足够长的五分钟的负担，耐心而毫无办法地等到句号结束，理性变成行动，谜题解开了。这是他们喜欢做的事，而如果渲染和辞藻也参与进来，作者则于其中狂欢作乐，但只有老天才能帮助读者了。

把一个思想直接拍在另一个之上，仿佛制造十字架，这显然有悖一切常理。但这就是一个作家打断他已经开始说的话以便说几句完全不同的东西时所发生的，他把无意义的半句交给读者监护，等待另一个半句的到来。这就好比把一个空盘子交给客人，让客人希望盘中会出现点什么。

当括号未能与句号达到有机吻合而直接侵入或简单地楔入句子中时，这种建构的形式就达到了乏味的高度。如果打断别人说话是无礼的，那么打断自己也同样是无礼的，这已经作为一种建构形式连续发生几年了，每一个低级的、粗心的、急于求成的写手眼里只有稿酬，每页都六倍利用，并寓乐于此。这包括——规范和举例只要可能，就应同时出现——打破一个短语以便塞入另一个。然而，他们这样做不仅出于懒惰，也由于愚蠢，他们视其为令人愉悦的、使话语充满活力的轻触。在罕见的个别例子中，这也许可以谅解。

13

任何文学品质，比如说服力，或形象的丰富性、使用隐喻的才能、勇气、收敛、精确、优雅、表达简洁、机智、鲜明的对比、简练、质朴……都可以通过阅读展示这些特质的作家而获得。但是，如果我们天生已经具备了这些特质，即拥有这种潜力，我们就可以通过阅读来唤起它们，意识到它们，看看如何利用它们，使其固化在我们的倾向之中，拥有使用它们的勇气，判断其有效性，从而学会准确地运用。只有在那时，我们才能实际拥有它们。这是阅读教导写作的唯一方式。阅读教导我们如何利用我们自己天生的才能，因此只有我们拥有了这些才能，阅读才能教导我们。如果我们并不拥有，我们从阅读中学到的只有冰冷僵死的风格主义，只会成为肤浅的模仿者。

14

正如地球一层一层地保存了过去各个时代的生物，图书馆的书架也一层一层地保留了过去的错误和这些错误的展示，这就像前者在自己的时代非常活跃，曾引起轰动，但现在石化了，僵硬地立于某处，等待文学古生物学家的光顾。

15

据希罗多德说，薛西斯看到他的浩荡大军，想到所有这些人在一百年后将无一生还,他哭了。所以,看到厚厚的目录,想到所有这些书在十年后将无一留存,谁能不哭呢?

16

不读的艺术非常重要。这包括在任何特定时刻都不对引起普通大众注意的东西感兴趣。当有些政治或宗教小册子或小说或诗歌引起轰动时,你应该记住为傻瓜写作的人总是能找到大量读者。阅读好书的一个前提条件是不读坏书,因为生命占有。

17

买书应该是件好事,如果也能购买读书的时间的话。但通常图书的购买被错当成内容的挪用。

18

在世界史上,半个世纪算是不短了,因为总有事件发生,素材也因此发生变化。另一方面,在文学史上，半个世纪往往根本算不上是时间，因为无事发生：一切都与五十年前别无二致。

与这种事物状态相一致的是，我们应该看到科学、文学和艺术的时代精神每隔三十年就宣布破产。在这期间，时代精神中包含的错误增长到如此的比例，致使其荒诞性将其压垮，而相对立的观点却同时由此而加强。现在有了突然的转变，但成功的往往是朝对立方向发展的一种错误。展示这种事物状态的周期性发生，将是文学史真正的实用素材。

我希望总有一天会有人尝试写**文学的悲剧史**，以表明各个国家如何以伟大的作家和艺术家为最高骄傲，而当他们活着的时候又是如何对待他们的。在这样的历史中，作者将向我们展现那场无休止的斗争，所有时代、所有国家的善意真诚的人们必须承受压力，以抵制总是居主导地位的错误笨拙的脑袋，给我们描绘人类每一个真正的启蒙者、几乎每一种艺术的每一位大师如何殉身；展示除少数例外，他们如何在贫穷和悲惨中度过深受折磨的一生，没有承认，没有同情，没有门徒，而名声、荣誉和金钱则归于无能之辈；展示他们的命运就是以扫的命运，如何在外出为父亲捕捉猎物时被雅各剥夺了父亲的祝福；除此之外，也要展示对事业的热爱如何使他们生存下来，直到人类的这样一位教育家如何功德完满，始终未褪色的桂冠向他招手，时钟也向他敲响：

> *沉重的盔甲成为童年的轻装；*
> *痛苦是短暂的，快乐永不完结。*

图书在版编目（CIP）数据

论世界的悲苦 /（德）叔本华著；陈永国译. —北京：商务印书馆，2023

（伟大的思想. 第一辑）

ISBN 978-7-100-22297-6

Ⅰ. ①论… Ⅱ. ①叔… ②陈… Ⅲ. ①叔本华 (Schopenhauer, Arthur 1788-1860) — 哲学思想 Ⅳ. ①B516.41

中国国家版本馆 CIP 数据核字（2023）第062104号

权利保留，侵权必究。

伟大的思想 第一辑
论 世 界 的 悲 苦
〔德〕叔本华 著
陈永国 译

商 务 印 书 馆 出 版
（北京王府井大街36号 邮政编码100710）
商 务 印 书 馆 发 行
山 东 临 沂 新 华 印 刷 物 流
集 团 有 限 责 任 公 司 印 刷
ISBN 978-7-100-22297-6

2023年9月第1版　　开本 787×1092　1/32
2023年9月第1次印刷　　印张 46¾

定价：260.00元（全十册）